清华大学藏
马克思恩格斯珍本文献
图录

韩立新 蒋耘中 主编

清华大学出版社
北 京

内 容 简 介

清华大学对马克思恩格斯文献的收藏可以追溯至百年前的建校伊始，清华学人收集和研究马克思恩格斯文献的历史，也是中国知识分子为谋求中华民族的伟大复兴而探索真理的历史。一个世纪以来，清华大学积累了3万余册多语种、专业化和系统性的马克思恩格斯珍本文献藏品，其最具代表性的可分为五大类别：马克思恩格斯原始手稿图片、各类《马克思恩格斯全集》和著作集、马克思恩格斯代表性文献、西方人文社科经典文献、日本马克思主义文献。清华大学图书馆和马克思恩格斯文献研究中心从这些藏品中遴选出一百余种珍本文献，对每一种都辅以简单的介绍和不少于两张的彩色配图，以"图录"的方式编辑出版。本图录兼具收藏价值与学术研究价值。

版权所有，侵权必究。举报：010-62782989，beiqinquan@tup.tsinghua.edu.cn。

图书在版编目(CIP)数据

清华大学藏马克思恩格斯珍本文献图录 / 韩立新, 蒋耘中主编. — 北京：清华大学出版社，2021.9
ISBN 978-7-302-58872-6

Ⅰ.①清⋯ Ⅱ.①韩⋯ ②蒋⋯ Ⅲ.①马恩著作-文献-图录 Ⅳ.①A811-64

中国版本图书馆CIP数据核字(2021)第166476号

责任编辑：杨爱臣
装帧设计：傅瑞学
图片拍摄：刘聪明　张博　陈威
责任校对：王荣静
责任印制：杨　艳

出版发行：清华大学出版社
　　　　　网　　址：http://www.tup.com.cn, http://www.wqbook.com
　　　　　地　　址：北京清华大学学研大厦A座　　邮　编：100084
　　　　　社 总 机：010-62770175　　邮　购：010-62786544
　　　　　投稿与读者服务：010-62776969, c-service@tup.tsinghua.edu.cn
　　　　　质量反馈：010-62772015, zhiliang@tup.tsinghua.edu.cn
印 装 者：小森印刷（北京）有限公司
经　　销：全国新华书店
开　　本：210mm×285mm　　印　张：16　　字　数：292千字
版　　次：2021年11月第1版　　印　次：2021年11月第1次印刷
定　　价：286.00元

产品编号：092955-01

编委会

—— 主　编 ——

韩立新　蒋耘中

—— 副主编 ——

尹　昕　梁　爽
魏成光　陈　浩

—— 编　委 ——

王旭东　魏　博　崔琳菲
孙　佳　何雨星　李闫涛
马语晨　潘宇昂　马廷辉

序　言

马克思是人类思想史上的"千年思想家"，对世界历史产生过重要影响。当代，一个文明国家对其著作的收藏、整理和研究都是一项不可忽视的工作。我国是一个以马克思主义为指导思想的社会主义国家，清华大学作为国家重点支持的大学，收藏、整理和研究马克思恩格斯的经典文献，不仅是新时代建设世界一流大学的需要，同时也是清华大学不可推卸的历史责任。基于这点，清华大学图书馆和马克思恩格斯文献研究中心从清华大学收藏的马克思恩格斯珍本文献中精选出128种，以"图录"的方式编辑出版，以飨读者。

清华大学对马克思恩格斯文献的收藏和整理

清华大学对马克思恩格斯经典文献的收藏和整理可以追溯至百年前的建校伊始。在1949年新中国成立以前，清华大学已经收藏了3万册外文图书，其中有与马克思主义相关的西文图书3500余册、日文图书600余册。这些文献就包括从1927年开始出版的《马克思恩格斯全集》历史考证版第一版（MEGA①）中的9卷以及梁赞诺夫编辑的《马克思恩格斯文库》2卷本，此外还有大量马克思恩格斯涉猎过的哲学家、经济学家和社会主义思想家的著作。在这些图书中，有的盖有"北平国立清华大学"的钢印，有的盖有"国立西南联合大学图书馆"的收藏章，考虑到这些书籍是历经战乱、多次搬迁、1952年院系调整和"文革"动荡等事件而保留下来的馆藏，能有这样的规模和质量，已实属不易且弥足珍贵。这些书籍构成了今天清华大学系统收藏马克思恩格斯文献的历史起点。

　　进入21世纪以来，清华大学对马克思恩格斯经典文献的收集、整理和研究工作进入了一个新阶段。2008年，清华大学图书馆接受了美国哲学家罗伯特·科恩（Robert S. Cohen）教授收藏的21644册书刊，并在此基础上建立了清华大学"科恩文库"，其中就包含了与马克思主义相关的部分西文文献。几乎与此同时，清华大学开始了对已故日本东北大学服部文男教授藏书的移转工作，并于2011年建立了清华大学"服部文库"。此文库包含了服部文男及其父亲服部英太郎教授两代人的藏书共20609册，其中西文文献4932册，日文文献15677册。由于服部父子都是研究马克思主义的经济学家和图书收藏家，这使得"服部文库"本身就是一个具有示范意义的马克思主义专业文献库，其中包括了众多《马克思恩格斯全集》原文版本、多语种的全集翻译和重要系列期刊、《资本论》的版本库和日本马克思主义文献库等。此外，图书馆还接受了美国康奈尔大学有偿转让的近9万册人文社科图书，其中也包含关于马克思主义的少量文献。

　　2011年，清华大学成立了专门从事马克思恩格斯文献收集和研究的校级机构"清华大学马克思恩格斯文献研究中心"（Center for Marx-Engels Literature Research, Tsinghua University，英文缩写为CMELR）。2014年，该中心接受了"国际马克思恩格斯基金会"（IMES）委员、日本MEGA编委会仙台编辑小组负责人大村泉教授捐赠的马克思恩格斯手稿高清图片和4141册书刊。这些手稿图片就包含《德意志意识形态》"序言"和"费尔巴哈"章、马克思《资本论》第二、三卷手稿和恩格斯对《资本论》第二卷的编辑用稿等。由于这些手稿图片多为获得授权的MEGA①编辑人员专用高清影印件，具有重要的收藏价值和研究价值。在此基础上，该中心又补充了马克思《1857—1858年经济学手稿》（《政治经济学批判大纲》）的手稿彩色影印件，搜集和购买了MEGA①和MEGA②、德国古典哲学以及这两个领域中最重要的定期刊行物，组成了一个颇具规模的"清华大学马克思恩格斯文献研究中心文库"。这个文库和前述清华大学"服部文库"等一道，奠定了今天清华大学收藏和整理马克思恩格斯文献的基本框架和文献基础。

　　拥有良好的基础，并不意味着一个系统的专业文献库便会自然形成。从2012年起，清华大学图书馆和马克思恩格斯文献中心两家单位合作，开始了有步骤、有计划地筹建马克思恩格斯文献库的工作。这一工作具体包括补齐已有全集和定期刊行物的缺本、从国外购置重点的珍本图书、丰富和完善现有馆藏等。其中，两单位在《资本论》和德国古典哲学的版本收藏上下大功夫，陆续从国外购买了包括马克思《资本论》第一卷（1867年初版）以及由黑格尔生前出版的著作初版等珍稀文献，从而使清华大学的经典文献收藏迈上了一个新台阶。目前，清华大学收藏的马克思恩格斯经典文献已颇具规模，除了近5000张马克思恩格斯原始手稿高清影印图片外，还有3万余册书刊，形成了多语种、专业化和系统性的珍本文献特色收藏。在此基础上，清华大学在2014年举办了首次马克思恩格斯文献展，印制了《清华大学馆藏马克思恩格斯文献展》小册子；在2021年4月的清华大学110周年校庆期间又举办了"清华大学藏马克思恩格斯珍本文献展"，展现了已取得的成果，引起了理论界的广泛关注。

清华大学藏马克思恩格斯文献的现状和特点

一个好的经典文库，不单纯在于藏书数量，而在于藏书质量，在于它是否收藏了该领域最为基础和核心的经典文献。在这个意义上，清华大学收藏的马克思恩格斯文献堪称文库的典范。它不仅包含了各种马克思恩格斯珍本出版物，也包含了马克思恩格斯原始手稿的高清影印件；这些珍本出版物不仅包括六大语种的《马克思恩格斯全集》和各种著作集、选集，而且包括各种马克思恩格斯著作单行本和传记；这些文献不仅包括经典作家本人的一手文献，而且包括一流研究者的二手文献、国际上有关马克思恩格斯研究的重点期刊和年鉴以及与马克思主义密切相关的西方人文社科经典文献。我们把这些文献划分为五大类别：1. 马克思恩格斯原始手稿图片；2. 各类《马克思恩格斯全集》和著作集；3. 马克思恩格斯代表性文献；4. 西方人文社科经典文献；5. 日本马克思主义文献。其概况如下：

（一）马克思恩格斯原始手稿图片。清华大学目前收藏的手稿图片包括马克思恩格斯1845—1846年撰写的《德意志意识形态》"序言"和"费尔巴哈"章全部手稿、马克思《资本论》第二、三卷主要手稿、恩格斯对《资本论》第二卷的1884—1885年编辑用稿，以及马克思《1857—1858年经济学手稿》（《政治经济学批判大纲》）原始手稿影印件。这些手稿在作者生前均未发表，是历经磨难流传下来的，弥足珍贵。这些手稿原件的绝大部分现收藏于阿姆斯特丹国际社会史研究所，另外一小部分收藏于俄罗斯国家社会政治史档案馆等地。

（二）各类《马克思恩格斯全集》和著作集。这部分文献包括梅林编《费迪南德·拉塞尔致卡尔·马克思和弗里德里希·恩格斯的书信(1849—1862)》（1902年）、《卡尔·马克思、弗里德里希·恩格斯和费迪南德·拉塞尔未发表的遗稿》4卷本（1902年）、《卡尔·马克思、弗里德里希·恩格斯未发表的遗稿(1841—1850)》（1923年）、倍倍尔和伯恩斯坦编《弗里德里希·恩格斯和卡尔·马克思1844—1883年书信》（1913年）、梁赞诺夫编《卡尔·马克思和弗里德里希·恩格斯1852—1862年文集》（1917年）、《马克思恩格斯文库》（1926—1927年）、1927—1935年出版的《马克思恩格斯全集》历史考证版第一版（MEGA①）和从1975年开始出版的《马克思恩格斯全集》历史考证版第二版（MEGA②）。这几乎涵盖了世界上已出版的全部原文版马克思恩格斯文集。此外，清华大学还藏有俄文版和德文版《马克思恩格斯著作集》（MEW）、英文版《马克思恩格斯全集》以及包含日本最早的改造社版全集（1928—1935年）在内的各种日文版《马克思恩格斯全集》。这些全集类著作占了马克思恩格斯文献收藏的相当一部分。

（三）马克思恩格斯代表性文献。清华大学系统收藏了众多马克思恩格斯代表性著作的各种不同版本，其中最引人注目的是《德意志意识形态》和《资本论》的版本库。《德意志意识形态》被誉为唯物史观的定型之作，在作者生前并未出版。该书手稿主要由马克思恩格斯共同撰写，且没有明确二人的写作分工。国际理论界百年来围绕着如何理解和编辑这部未完成的手稿争论不休，产生了至少十余个有代表性的编辑版本。清华大学不仅收藏了其中的"梁赞诺夫版""阿多拉茨基版"、MEGA②的"试刊版""先行版"和"正式版"等，而且还收藏了颇具文献价值的"广松涉版""涩谷正版"等，形成了一个《德意志意识形态》的版本库。《资本论》是马克思一生思想的巅峰之作，除了其中的第一卷是由马克思本人亲自审定出版的以外，第二、三卷由恩格斯编辑出版，第四卷由考茨基编辑出版。清华大学对《资本论》进行了系统收藏，建立了包括六大语种在内的《资本论》版本库。其中最珍贵的是1867年在汉堡出版的《资本论》第一卷德文第一版、1872—1875年在巴黎出版的《资本论》第一卷法文版和《资本论》其余各卷次的第一版。不仅如此，这些收藏还包括各卷次初版以后的各版本以及俄文版、法文版、英文版、日文版和中文版的早期版本。除了这两个版本库以外，清华大学还收藏了包括日本1939—1941年出版的《政治经济学批判大纲》等一批马克思恩格斯著作版本。

（四）西方人文社科经典文献。马克思和恩格斯是在西方思想史长河的滋养中成长起来的思想巨人，德国古典哲学和其他西方人文社科思想为马克思主义的形成提供了重要的思想来源。清华大学藏有很多重要的德国古典哲学家的全集版本，如《康德全集》（1910—1980年）、《费希特遗著》（1834—1835年）和《费希特全集》（1845—1846年）、友人版、格罗克纳版和正在刊行的科学院版《黑格尔全集》（1968年—　）、《路德维希·费尔巴哈全集》（1846—1866年）等。特别值得一提的是，清华大学的收藏包含了黑格尔生前出版的全部六部著作的初版,即《费希特与谢林哲学体系的差别》(1801年)、《信仰与知识》(1802年)、《精神现象学》(1807年)、《逻辑学》(1812—1816年)、《哲学科学全书纲要》(1817年)和《法哲学原理》(1821年)。此外,还包含了1651年出版的霍布斯的《关于政府和社会的哲学原理》(拉丁文版《论公民》的英文版)、1797年出版的康德的《法的形而上学原理》等珍本以及培根、洛克、休谟、孟德斯鸠、卢梭、边沁、斯图亚特、萨伊、麦克库洛赫、穆勒、斯密、李嘉图和杜林等人著作的早期版本。

(五)日本马克思主义文献。作为世界上最早向中国传播马克思主义的国家之一,日本长期走在马克思主义文献编译和研究的前列。譬如,他们对《德意志意识形态》和《1844年经济学哲学手稿》的翻译几乎跟原文版同步出版,这说明手稿原文版早在校订阶段就已经被日译者掌握;他们对翻译质量精益求精,高木幸二郎等翻译的《政治经济学批判大纲》(1958—1965年)和久留间鲛造编译的《马克思政治经济学辞书》(1968—1985年)等享有"名译"之称,而《马克思资本论手稿集》(1978—1994年)的注释几乎是对MEGA②相关卷次的《附属材料卷》的完全翻译,这在世界上极为罕见。清华大学的收藏还包括日本马克思主义的研究成果,有河上肇、堺利彦、三木清、大内兵卫、山田盛太郎、服部之总、小林昇、大冢金之助、大河内一男、服部英太郎、大冢久雄、宇野弘藏、见田石介、广松涉等人的全集或著作集,以及金子武藏、内田义彦、城冢登、岩崎允胤、高岛善哉、柳田谦十郎、丸山真男、藤野涉、良知力、平田清明、望月清司、山之内靖、内田弘等人的著作。

除此之外,清华大学还收藏了很多国际马克思主义研究领域中非常重要的定期刊行物,且几乎是十分完整的收藏。譬如,民主德国研究人员编辑的新旧两版《马克思恩格斯研究论丛》、"国际马克思恩格斯基金会"(IMES)编辑出版的《MEGA研究》、《马克思恩格斯年鉴》和《卡尔·马克思故居文丛》以及日本的《马克思·恩格斯·马克思主义研究》等。值得一提的是,清华大学还完整地收藏了正在出版的黑格尔研究领域中必不可少的《黑格尔研究》(始于1961),清华大学"服部文库"中还包含大量的日本马克思主义系列期刊。

总之,从整体上看,清华大学马克思恩格斯文献的收藏呈现出以下特点:以原文语种的初版为核心,同时又属于专业性强、多版本的系统收藏;以马克思主义最重要的文献为核心,又兼具西方人文社科经典的广泛性;重点突出,又不失系统性。这些特点已不同程度地反映在这本书中,读者可从中领略清华大学马克思恩格斯文献收藏的风采。

收藏和整理马克思恩格斯经典文献的意义

占有高质量的文献资料是高水平科学研究的前提，对这些文献的收集和整理可以为我国马克思主义研究提供有力支持。比如，读者要想查阅《德意志意识形态》"序言"和"费尔巴哈"章、《1857—1858年经济学手稿》（《政治经济学批判大纲》）和《资本论》第二、三卷等手稿，就无须再去收藏手稿原件的阿姆斯特丹国际社会史研究所或俄罗斯国家社会政治史档案馆等地，而在清华大学就能做到，这至少可以为国内的研究者免去舟车劳顿。再比如，我国早期的马克思主义传播受日本影响极大，研究我国马克思主义传播史离不开日本马克思主义文献的支撑，而清华大学对日本马克思主义的系统收藏无疑为这类研究提供了极大便利。

由于这些文献的稀缺性和专业性，普通读者很难接触到，即使接触到也很难有效利用，因此，对这些文献的系统整理、分类和解说就尤为重要。譬如，对马克思《资本论》第二、三卷主要手稿的使用就需要事先做这样的处理，包括将这些手稿与已出版的MEGA卷次进行比对，标出其所属的原始手稿位置和对应的MEGA卷次页码，否则即使是一流的研究者也无法使用。清华大学高度重视文献整理和研究工作，学校依托清华大学马克思恩格斯文献中心招聘外国专家，培养MEGA研究方向的博士生和博士后，聘用专门的研究系列教师等，旨在以理论研究引领文献收藏，为广大读者和专业研究者提供更有力的支持。

这一工作也显示了理论研究机构与图书收藏机构合作的必要性。一方面，图书馆由于自身属性和现有人员状况，要想建立某种学科方向的特藏文库，需要相应学科专家的咨询建议；另一方面，马克思恩格斯文献研究中心由于自身空间和保管条件的限制，也难以实现对马克思恩格斯文献的全面收藏。清华大学正是在马克思主义文献收藏建设上实现了研究和收藏的结合。从2021年起，清华大学图书馆和清华大学马克思恩格斯文献研究中心签署了进一步全方位合作的备忘录。双方决定进一步整合资源，在继续充实现有收藏、深化文献研究的基础上，建立一个高水平的"马克思恩格斯文献特藏文库"；同时，双方还将有计划有步骤地公布这些文献和研究成果，让世界进一步了解清华的收藏情况。

《清华大学藏马克思恩格斯珍本文献图录》就是上述两家机构合作的一个成果。本书对精选出来的每一种文献都提供了精练的介绍和多角度的彩色配图，在排列方式上并没有遵循传统的图书分类法，而是按照文献所属的学术范畴排列，即按照"马克思恩格斯原始手稿图片""各类《马克思恩格斯全集》和著作集""马克思恩格斯代表性文献""西方人文社科经典文献"和"日本马克思主义文献"的顺序排列,这样做的目的是便于专业人士查找。

清华学人收集、整理、研究和传播马克思主义的历史,也是中国知识分子为谋求中华民族的伟大复兴而探索真理的历史。2014年,笔者曾对清华大学所藏马克思恩格斯文献以及馆藏珍本做过近3个月的筛查工作,发现在清华大学图书馆老馆的库存中,保存着很多解放前收藏的马克思恩格斯文献的早期版本,如MEGA①,以及欧洲近代政治哲学,如霍布斯、洛克、卢梭等人著作的早期版本。笔者当时颇为感慨。因为从这些藏书可以推断出,在七十年前的老一代清华学者中,一定有学术视野开阔和研究水准颇高的哲学家、政治学家、社会学家和法学家。一百年以后,清华的后继者们也会从他们所看到的我们这一代人的收藏中来推想我们所拥有的学术视野和所达到的研究水准。在这个意义上,能否在清华大学建成高水平的马克思恩格斯文献库是关乎我们这一代人荣誉的大事。我们有义务把这一工作做好。

清华大学马克思恩格斯文献研究中心主任 韩立新

2021年5月于清华大学人文楼

目　录

马克思恩格斯原始手稿图片 / 2
马克思、恩格斯《德意志意识形态》手稿 / 2
马克思《1857—1858年经济学手稿》 / 6
马克思《资本论》第二卷手稿 / 8
马克思《资本论》第三卷手稿 / 10
恩格斯等编《资本论》第二卷编辑手稿 / 12

《马克思恩格斯全集》历史考证版（MEGA） / 14
《马克思恩格斯全集》历史考证版第一版 / 14
《马克思恩格斯全集》历史考证版第二版 / 16
《马克思恩格斯年鉴》 / 20
《马克思恩格斯研究论丛》 / 22
《MEGA研究》 / 24

马克思恩格斯著作集 / 26
梅林编《拉萨尔致马克思和恩格斯的书信》 / 26
梅林编《马克思、恩格斯和拉萨尔遗著选》 / 28
梅林编《马克思恩格斯1841—1850年遗著选》 / 30
倍倍尔、伯恩斯坦编《恩格斯和马克思书信》 / 32
梁赞诺夫编《马克思恩格斯1852—1862年文集》 / 34
梁赞诺夫编《马克思恩格斯文库》 / 36
《马克思恩格斯全集》日本改造社版 / 38
《马克思恩格斯全集》俄文第二版 / 40
《马克思恩格斯全集》英文版 / 42

《德意志意识形态》专辑 / 44
《德意志意识形态》"梁赞诺夫版" / 46
《德意志意识形态》"阿多拉茨基版" / 47
《德意志意识形态》"巴加图利亚版"的花崎日译本 / 48
《德意志意识形态》"西德研究版" / 49
《德意志意识形态》"MEGA试刊版" / 50

《德意志意识形态》"广松涉版" / 51
《德意志意识形态》"服部文男版" / 52
《德意志意识形态》"涩谷正版" / 53
《德意志意识形态》"小林昌人补译版" / 54
《德意志意识形态》"MEGA先行版" / 55
《德意志意识形态》"孙善豪版" / 56
《德意志意识形态》"MEGA正式版" / 57

《资本论》专辑 / 58

《资本论》第一卷第一版 / 60
《资本论》第一卷第二版 / 62
《资本论》第一卷第三版 / 64
《资本论》第一卷第四版 / 66
《资本论》第二卷第一版 / 68
《资本论》第二卷第二版 / 70
《资本论》第三卷第一版 / 72
《资本论》第一卷法文版第一版 / 74
《资本论》第二、三卷法文版 / 76
《资本论》第一卷俄文版第一版 / 78
《资本论》第一、二卷俄文版第二版 / 80
《资本论》第一卷英文版第一版 / 82
《资本论》第一卷 1889年英文版 / 84
《资本论》第一卷美国版第一版 / 86
《资本论》全三卷英文版第一版 / 88
《资本论》第一卷日文版第一版 / 90
《资本论》全三卷日文版第一版 / 92
《资本论》第一卷河上肇日译本 / 94
《资本论》第一卷中文版第一版 / 96
《资本论》第一卷潘东舟译版 / 98
《资本论》第一卷王慎明、侯外庐译版（译者赠本） / 100
《资本论》考茨基大众版 / 102
《资本论》研究院大众版 / 104
考茨基编《剩余价值学说史》第一版 / 106
考茨基编《政治经济学批判》第二版 / 108
马克思《政治经济学批判大纲（1857—1858年手稿）》第一版 / 110

马克思主义文献 / 112

《莱茵报》影印版 / 112
《新莱茵报》影印版 / 114

卢格主编《哈雷年鉴》影印版 / 116

海尔维格编《来自瑞士的二十一印张》第一版 / 118

《共产党宣言》世界语版 / 120

《哲学的贫困》英文版 / 122

《价值、价格和利润》英文版 / 124

《雇佣劳动与资本》英文版 / 126

《反杜林论》德文版 / 128

《英国工人阶级状况》英文版 / 130

考茨基《卡尔·马克思的经济学说》第一版 / 132

阿德勒、希法亭编《马克思研究》第一版 / 134

阿姆斯特丹国际社会史研究所编《国际社会史评论》 / 136

德国古典哲学 / 138

《康德全集》 / 138

《费希特全集》第一版 / 140

《黑格尔全集》友人版 / 142

《黑格尔全集》百年纪念版 / 144

《黑格尔全集》历史考证版 / 146

《黑格尔研究》 / 148

《费尔巴哈全集》第一版 / 150

黑格尔主编《科学批判年鉴》 / 152

康德《法的形而上学原理》第一版 / 154

黑格尔《费希特与谢林哲学体系的差别》第一版 / 156

黑格尔《信仰与知识》第一版 / 158

黑格尔《精神现象学》第一版 / 160

黑格尔《逻辑学》第一版 / 162

黑格尔《哲学科学全书纲要》第一版 / 164

黑格尔《法哲学原理》第一版 / 166

黑格尔《哲学史讲演录》第一版 / 168

格律恩编《费尔巴哈的书信和遗稿及其哲学特征的发展》 / 170

卢格编《德国现代哲学和政论界轶文集》第一版 / 172

西方人文社科经典 / 174

霍布斯《关于政府和社会的哲学原理》 / 174

《孟德斯鸠片段集》 / 176

《卢梭全集》 / 178

施泰因《政治学体系》 / 180

施泰因《1789年以来法国社会运动史》 / 182

《约翰·洛克全集》 / 184

洛克《人类理解论》 / 186
穆勒《演绎和归纳的逻辑体系》 / 188
边沁《为高利贷辩护》 / 190
《詹姆士·斯图亚特作品集》 / 192
萨伊《实用政治经济学全教程》 / 194
麦克库洛赫《政治经济学原理》 / 196
《李嘉图文集》 / 198
杜林《国民经济学和社会主义批判史》 / 200
杜林《国民经济学和社会经济学教程》 / 202
杜林《哲学教程》 / 204
杜林《力学一般原理的批判史》 / 206
阿德勒《马克思对现存国民经济的批判论据》 / 208
《蒲鲁东全集》 / 210
布哈林《历史唯物主义理论》 / 212
布哈林等《共产主义ABC》 / 214

日本马克思主义文献 / 216

《德意志意识形态》古在由重日译本 / 218
《政治经济学批判大纲（1857—1858年经济学手稿）》高木幸二郎日译本 / 219
久留间鲛造编《马克思政治经济学辞书》 / 220
《资本论手稿集》 / 221
杉原四郎等译《马克思经济学笔记》 / 222
林直道编译《资本论》第一卷法文版 / 223
江夏美千穗等译《资本论》法文版 / 224
服部文男译《共产党宣言》 / 225
《大冢久雄著作集》 / 226
平田清明《经济学和历史认识》 / 227
望月清司《马克思历史理论的研究》 / 228
《宇野弘藏著作集》 / 229
《日本资本主义发达史讲座》 / 230
服部文男《马克思主义的形成》 / 231
《马克思·恩格斯·马克思主义研究》 / 232
佐藤金三郎《〈资本论〉研究序论》 / 233
《广松涉著作集》 / 234
《高岛善哉著作集》 / 235
大谷祯之介《马克思的生息资本论》 / 236

后记 / 237

马克思恩格斯原始手稿图片

马克思、恩格斯《德意志意识形态》手稿

马克思恩格斯原始手稿图片

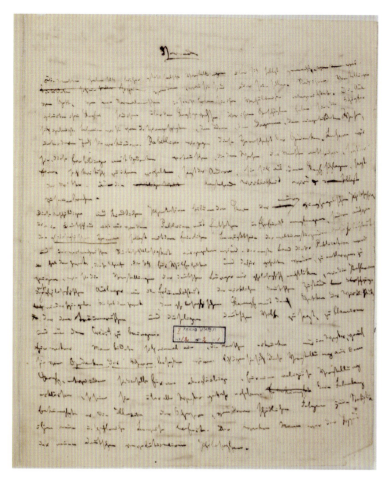

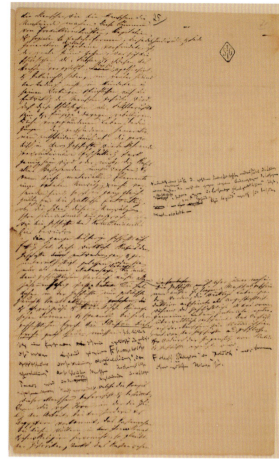

Karl Marx / Friedrich Engels: *Die deutsche Ideologie. Vorrede und I. Feuerbach, 1845-1846*

Moskau / Amsterdam: Rußländisches Staatliches Archiv für Sozial- und Politikgeschichte / Internationales Institut für Sozialgeschichte

卡尔·马克思，弗里德里希·恩格斯：《德意志意识形态》"序言"，"I. 费尔巴哈"手稿。莫斯科/阿姆斯特丹：俄罗斯国家社会政治史档案馆/阿姆斯特丹国际社会史研究所收藏。未出版（1845—1846年书写）。

《德意志意识形态》是马克思、恩格斯首次系统阐述唯物史观的文献，在传统上被视为马克思主义及其哲学创立的标志。此作品在马克思、恩格斯生前没有发表。其中，"序言"收藏于俄罗斯国家社会政治史档案馆，"I.费尔巴哈"收藏于阿姆斯特丹国际社会史研究所（档案编号A 11）。本藏品为原始手稿彩色高清影印件，藏品来源为国际马克思恩格斯基金会（IMES）编委大村泉教授捐赠。97页。

清华大学马克思恩格斯文献研究中心

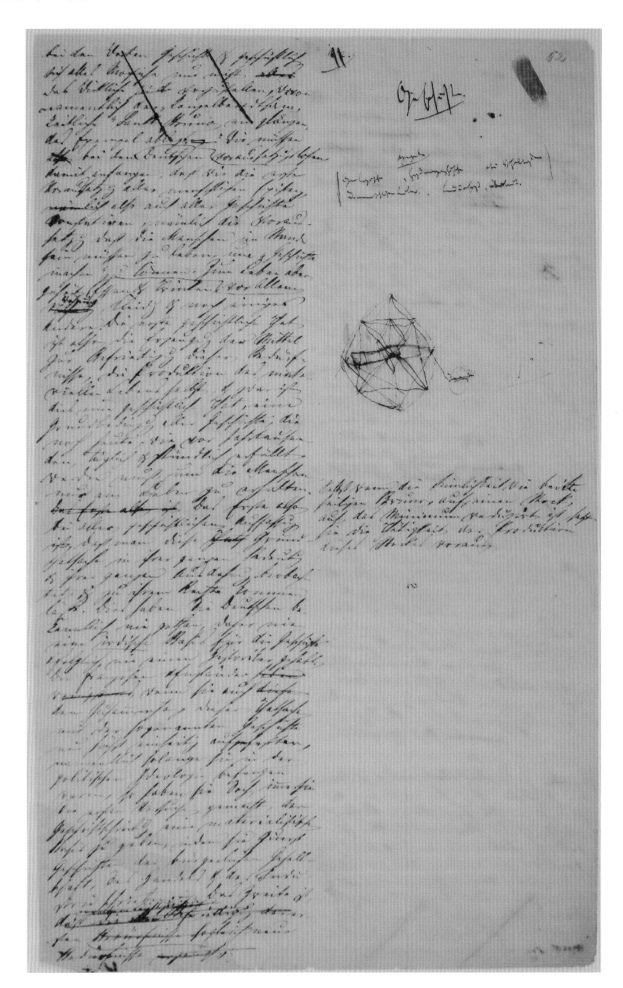

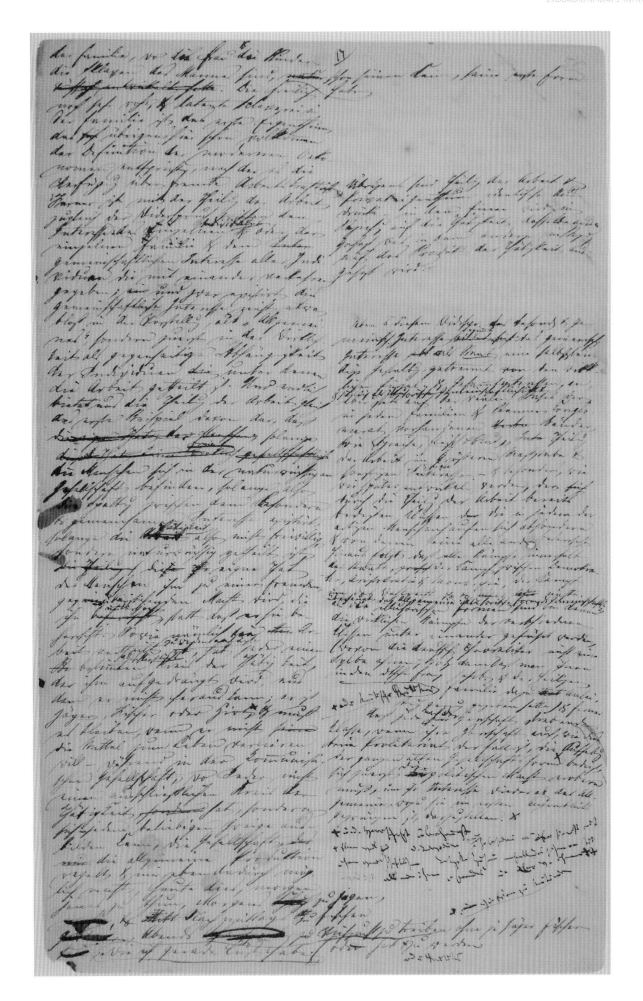

马克思《1857—1858年经济学手稿》

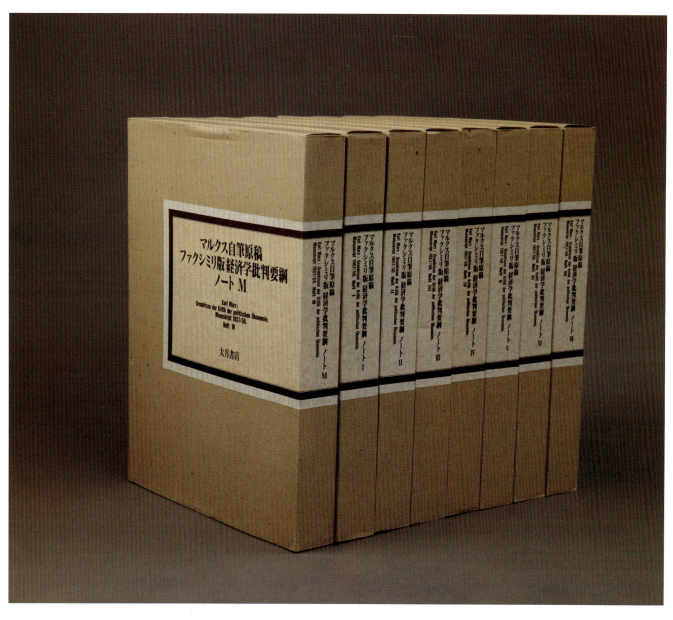

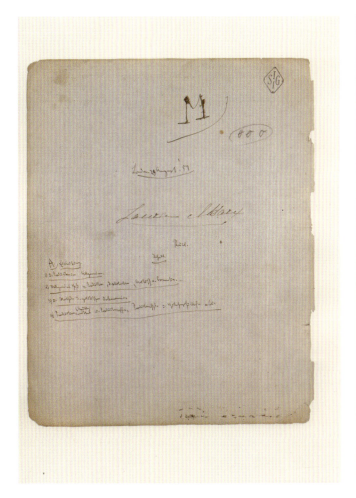
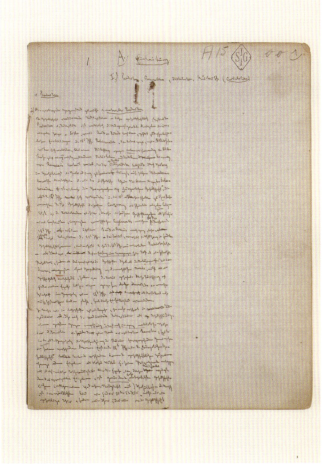

Karl Marx: *Grundrisse der Kritik der politischen Ökonomie. Manuskript 1857/1858. Heft M, I-VII*

大谷祯之介编

東京：大月書店

1997年

卡尔·马克思：《1857—1858年经济学手稿（政治经济学批判大纲）》笔记本M，I-VII。东京：大月书店，1997年。

《1857—1858年经济学手稿》亦称《政治经济学批判大纲》，是政治经济学批判的重要手稿，此作品在马克思生前没有发表。本藏品为东京大月书店1997年限量出版的彩色高清影印件，包含原始手稿的全部8个笔记本。394页。

清华大学马克思恩格斯文献研究中心

马克思《资本论》第二卷手稿

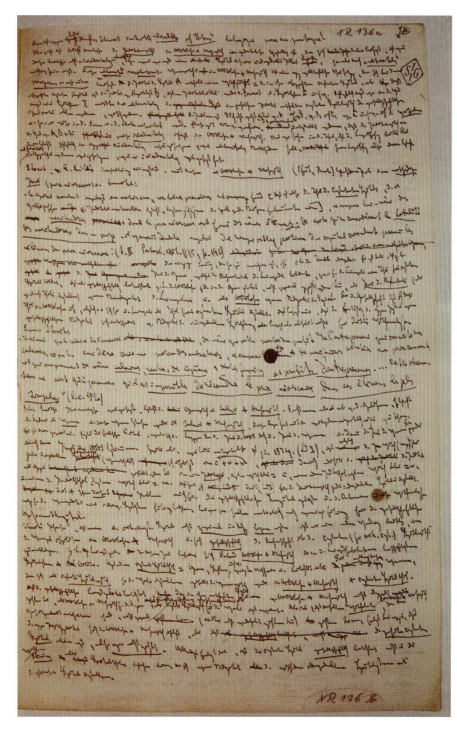

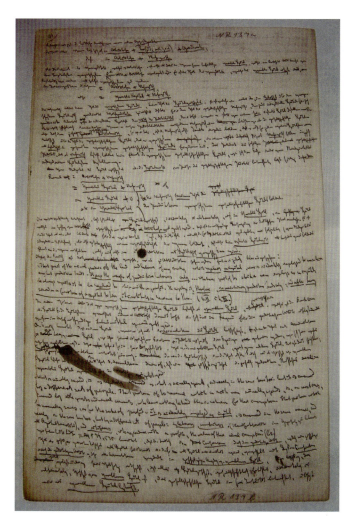
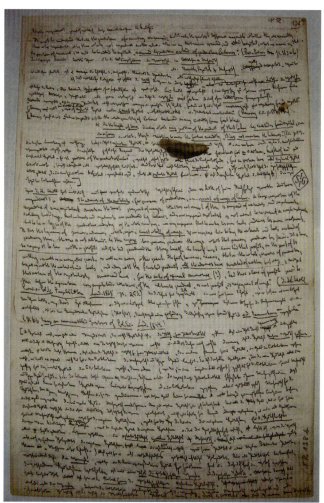

Karl Marx: *Das Kapital, Band II. Manuskript II-VIII*

Amsterdam: Internationales Institut für Sozialgeschichte

卡尔·马克思:《资本论》第二卷,第II—VIII稿。阿姆斯特丹:阿姆斯特丹国际社会史研究所收藏,未出版(1867—1878年书写)。

《资本论》是马克思一生思想的巅峰之作,第二卷系统阐述了资本的流通过程,此卷在马克思生前没有发表。第二卷包含8个手稿,其中的7个手稿(第II—VIII稿)收藏于阿姆斯特丹国际社会史研究所(档案编号A63-A70)。本藏品为这7个原始手稿的彩色高清影印件,藏品来源为:国际马克思恩格斯基金会(IMES)编委、日本MEGA仙台编辑组负责人大村泉教授捐赠。520页。

清华大学马克思恩格斯文献研究中心

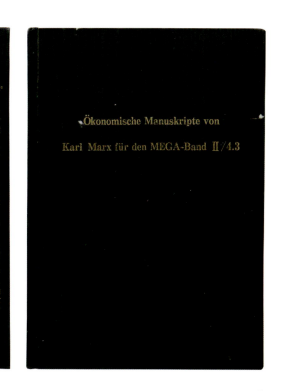

马克思《资本论》第三卷手稿

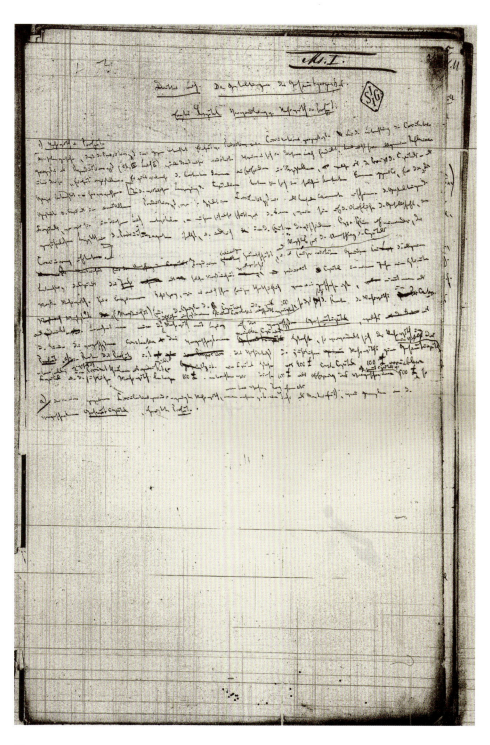

马克思恩格斯原始手稿图片

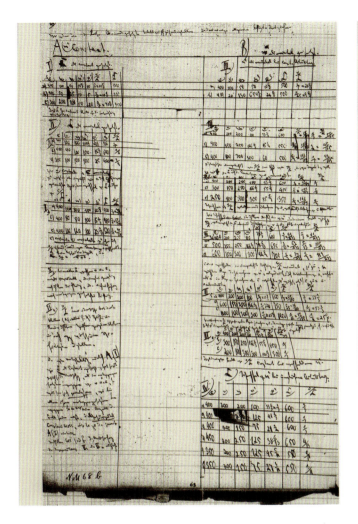

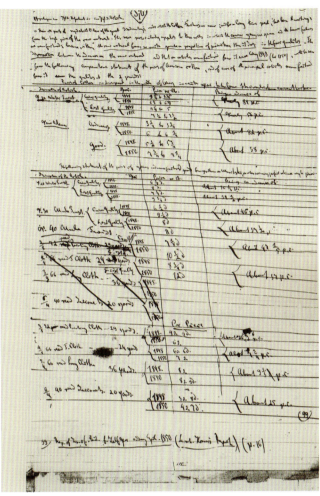

Karl Marx: *Das Kapital, Band III. Manuskript I-VIII*

Amsterdam: Internationales Institut für Sozialgeschichte

卡尔·马克思：《资本论》第三卷，第I—VIII稿。阿姆斯特丹：阿姆斯特丹国际社会史研究所收藏，未出版（1867—1870年书写）。

《资本论》是马克思一生思想的巅峰之作，第三卷系统阐述了资本运动的总过程，此卷在马克思生前没有发表。第三卷包含8个手稿，现收藏于阿姆斯特丹国际社会史研究所（档案编号A71-A80）。本藏品为这8个原始手稿的高清影印件，藏品来源为：国际马克思恩格斯基金会（IMES）编委、日本MEGA仙台编辑组负责人大村泉教授捐赠。815页。

清华大学马克思恩格斯文献研究中心

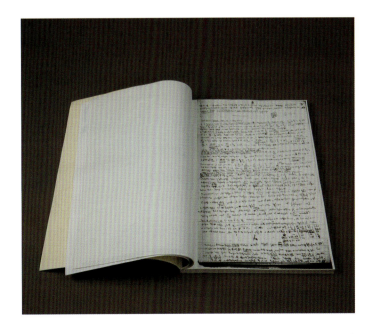

恩格斯等编《资本论》第二卷编辑手稿

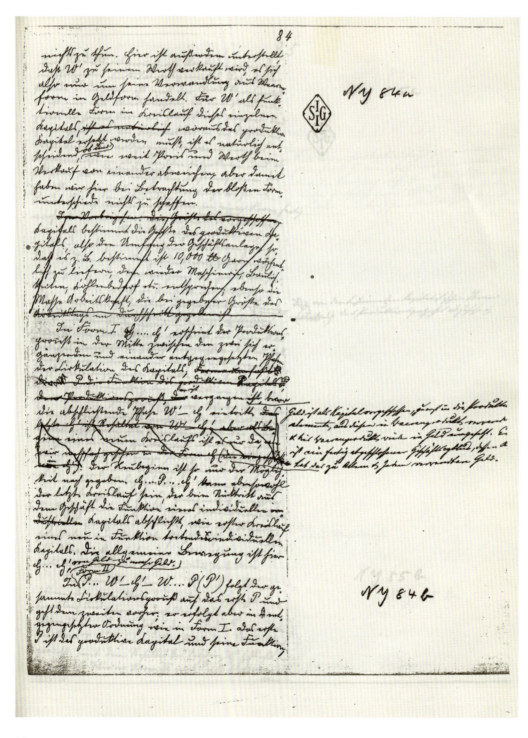

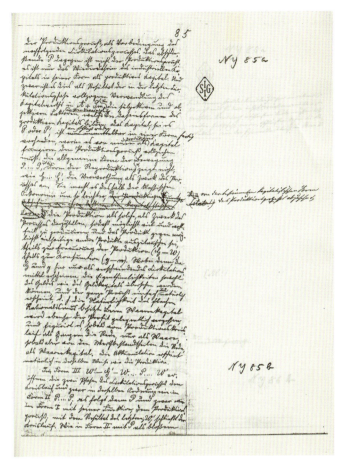
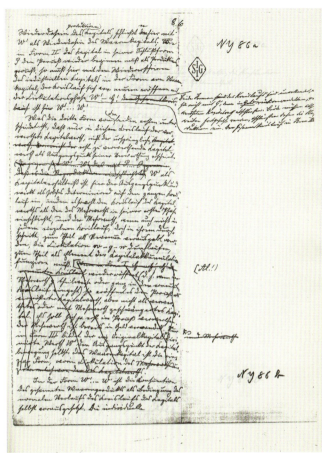

Das Redaktionsmanuskript des zweiten Buchs des „Kapital" von 1884-1885

Friedrich Engels / Oscar Eisengarten (Hrsg.)

Amsterdam: Internationales Institut für Sozialgeschichte

弗里德里希·恩格斯编，奥斯卡·艾森加尔滕誊抄：《资本论》第二卷1884—1885年编辑稿。阿姆斯特丹：阿姆斯特丹国际社会史研究所收藏，未出版（1884—1885年书写）。

该手稿是恩格斯为编辑马克思《资本论》第二卷而制作的编辑用稿，由恩格斯口述、艾森加尔滕誊抄。该手稿收藏于阿姆斯特丹国际社会史研究所（档案编号H80）。本藏品为原始手稿高清影印件，藏品来源为：国际马克思恩格斯基金会（IMES）编委、日本MEGA仙台编辑组负责人大村泉教授捐赠。800页。

清华大学马克思恩格斯文献研究中心

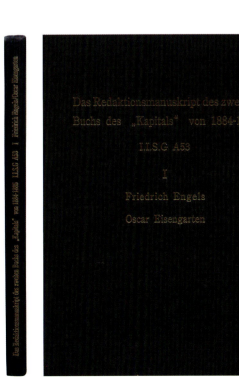

《马克思恩格斯全集》历史考证版（MEGA）

《马克思恩格斯全集》历史考证版第一版

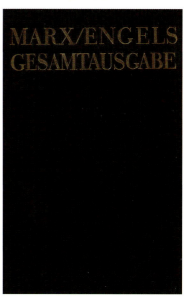

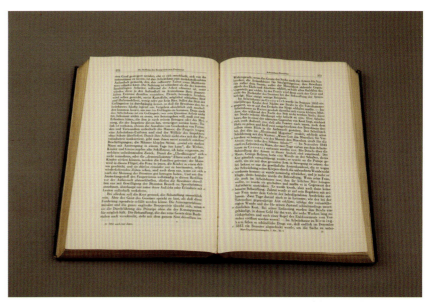

Marx/Engels Gesamtausgabe

D. Rjazanov / V. Adoratskij (Hrsg.)

Frankfurt a. M. / Berlin / Moskau: Marx-Engels-Archiv Verlag / Marx-Engels Verlag

1927—1935

达·梁赞诺夫，弗·阿多拉茨基编：《马克思恩格斯全集》历史考证版（MEGA①）。法兰克福/柏林/莫斯科：马克思恩格斯文献出版社/马克思恩格斯出版社，1927—1935年。

《马克思恩格斯全集》历史考证版（MEGA①）是苏联在20世纪20—30年代发掘和整理马克思恩格斯文献遗产的标志性成果，原计划包括马克思恩格斯著作、《资本论》及其手稿、书信、索引四大部分，后因战争而中断出版计划。本藏品为MEGA①的全13卷。25cm×17cm。

清华大学图书馆 旧藏

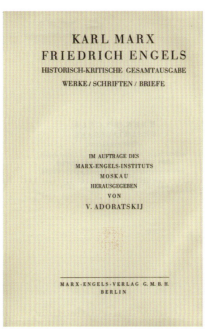

《马克思恩格斯全集》历史考证版第二版

《马克思恩格斯全集》历史考证版（MEGA）

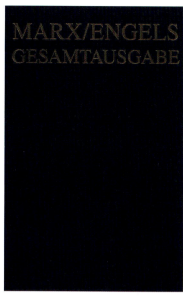

Marx/Engels Gesamtausgabe

Institut für Marxismus-Leninismus (Sowjetunion und Deutschland) / Internationalen Marx-Engels-Stiftung (Hrsg.)

Berlin / Amsterdam: Dietz Verlag / Akademie Verlag / De Gruyter Akademie Forschung

1975—

苏共中央马克思列宁主义研究院和德国统一社会党中央马克思列宁主义研究院/国际马克思恩格斯基金会编：《马克思恩格斯全集》历史考证版（MEGA②）。柏林/阿姆斯特丹：狄茨/科学院/德古意特，1975年—。

《马克思恩格斯全集》历史考证版（MEGA②）是"二战"后国际上出版的、最具权威性的马克思恩格斯全集，包括"著作、文章、草稿""《资本论》手稿及其准备材料""书信""摘录、笔记、旁注"四大部类，至今尚在陆续出版中。本藏品为MEGA②已出版的所有卷次。25cm×17cm。

清华大学马克思恩格斯文献研究中心

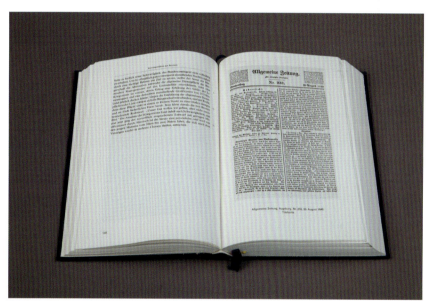

《马克思恩格斯年鉴》

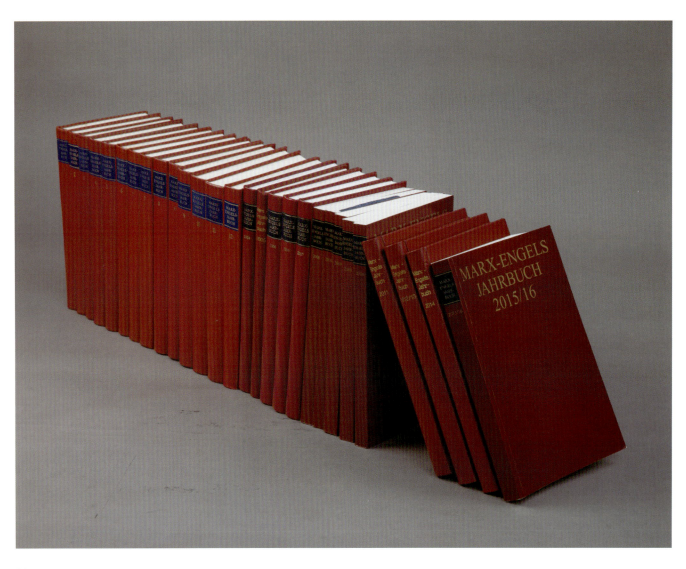

《马克思恩格斯全集》历史考证版（MEGA）

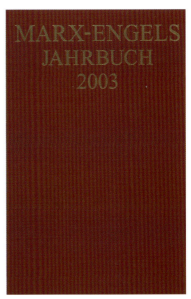

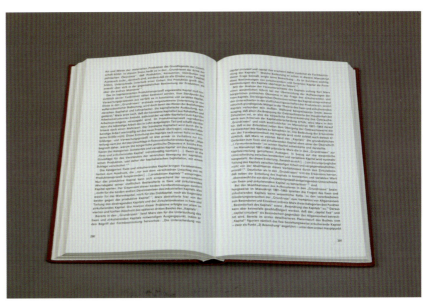

Marx-Engels Jahrbuch

Institut für Marxismus-Leninismus (Sowjetunion und Deutschland) / Internationalen Marx-Engels-Stiftung (Hrsg.)

Berlin / Amsterdam: Dietz Verlag / Akademie Verlag / De Gruyter Akademie Forschung

1978—

苏共中央马克思列宁主义研究院和德国统一社会党中央马克思列宁主义研究院/国际马克思恩格斯基金会编：《马克思恩格斯年鉴》。柏林/阿姆斯特丹：狄茨出版社/德古意特学术研究，1978年— 。

《马克思恩格斯年鉴》是MEGA编委会的机关刊物。本藏品为已出版的卷次。25cm × 17cm。

清华大学马克思恩格斯文献研究中心

《马克思恩格斯研究论丛》

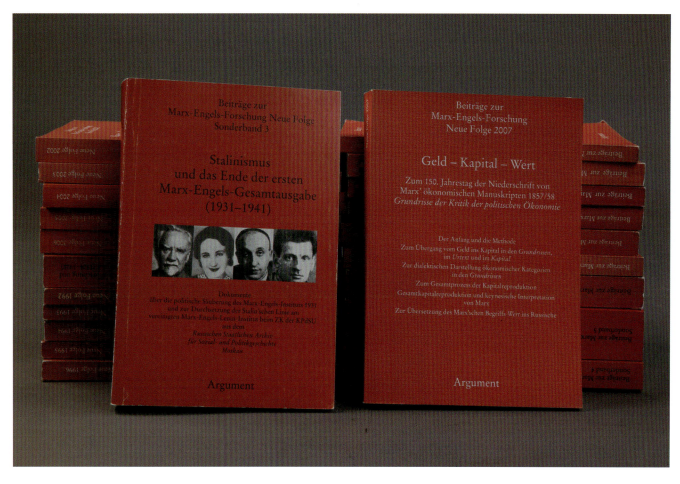

《马克思恩格斯全集》历史考证版（MEGA）

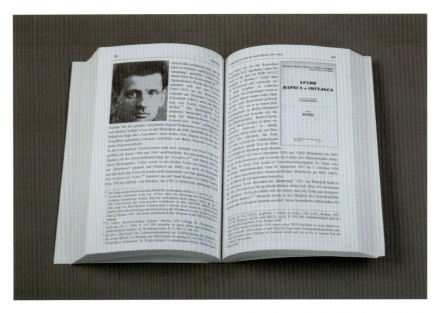

Beiträge zur Marx- Engels- Forschung

Marx-Engels-Abteilung im Institut für Marxismus-Leninismus beim ZK der SED / Carl-Erich Vollgraf, Richard Sperl, Rolf Hecker (Hrsg.)

Berlin / Hamburg: Argument

1977—1990 / 1991—

德国统一社会党中央马克思列宁主义研究院马克思恩格斯列宁研究部编/卡尔—埃里希·福尔格拉夫，理查德·斯佩尔，罗尔夫·黑克尔编：《马克思恩格斯研究论丛》。柏林/汉堡：阿古门特，1977—1990年/1991年—。

新旧两版《马克思恩格斯研究论丛》是德国马克思主义研究的代表性刊物。本藏品为已出版的卷次。21cm × 15cm。

清华大学马克思恩格斯文献研究中心

23

《MEGA研究》

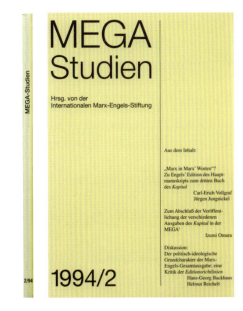

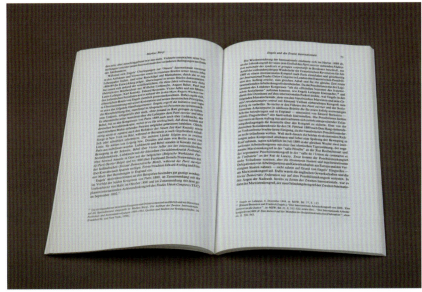

MEGA-Studien

Internationalen Marx-Engels-Stiftung (Hrsg.)

Berlin: Dietz Verlag

1994—1999

国际马克思恩格斯基金会编：《MEGA研究》。柏林：狄茨出版社，1994—1999年。

《MEGA研究》是苏东剧变后国际马克思恩格斯基金会发行的《马克思恩格斯全集》历史考证版的研究专刊。本藏品为1994—1999年出版的卷次。25cm×17cm。

清华大学马克思恩格斯文献研究中心

马克思恩格斯著作集

梅林编《拉萨尔致马克思和恩格斯的书信》

Briefe von Ferdinand Lassalle an Karl Marx und Friedrich Engels 1849 bis 1862

F. Mehring (Hrsg.)

Stuttgart: Verlag von J. H. W. Dietz Nachf

1902

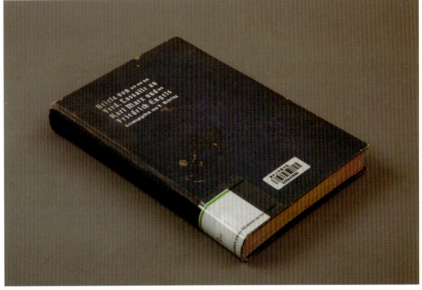

弗·梅林编：《费迪南德·拉萨尔致卡尔·马克思和弗里德里希·恩格斯的书信（1849—1862年）》。斯图加特：J. H. W. 狄茨·纳赫夫，1902年。

《费迪南德·拉萨尔致卡尔·马克思和弗里德里希·恩格斯的书信（1849—1862年）》是梅林于1902年所编的单行本书信集，收录了1849年至1862年期间拉萨尔致马克思和恩格斯的书信。23cm×16cm。367页。

清华大学图书馆 服部文库

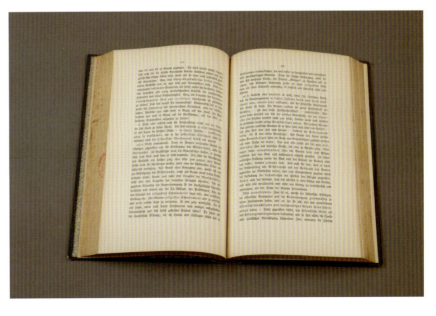

梅林编《马克思、恩格斯和拉萨尔遗著选》

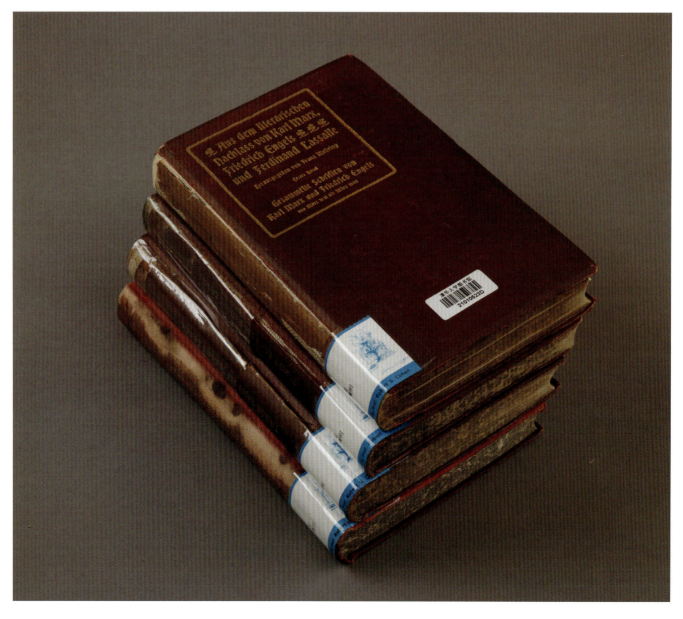

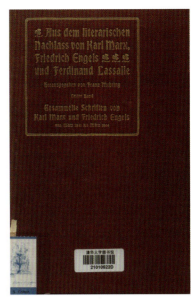
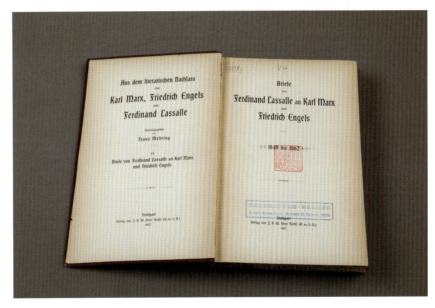

Aus dem literarischen Nachlass von Karl Marx, Friedrich Engels und Ferdinand Lassalle

F. Mehring (Hrsg.)

Stuttgart: Verlag von J. H. W. Dietz Nachf

1902

弗·梅林编：《卡尔·马克思、弗里德里希·恩格斯和费迪南德·拉塞尔遗著选》。斯图加特：J. H. W. 狄茨·纳赫夫，1902年。

《卡尔·马克思、弗里德里希·恩格斯和费迪南德·拉塞尔遗著选》是梅林于1902年所收录和汇编的马克思、恩格斯和拉萨尔的遗稿和书信，共计4卷。其中第四卷收录了1902年单行本《费迪南德·拉萨尔致卡尔·马克思和弗里德里希·恩格斯的书信（1849—1862年）》中的通信。该版本首次发表了许多此前尚未发表的马克思和恩格斯的遗著。23cm × 16cm。

清华大学图书馆 科恩文库

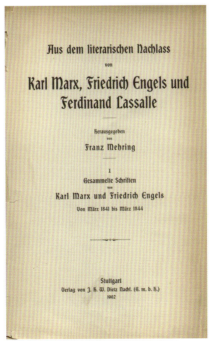
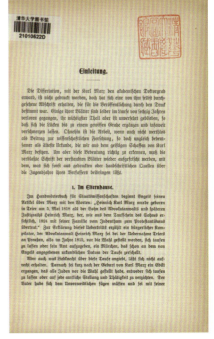

梅林编《马克思恩格斯1841—1850年遗著选》

Aus dem literarischen Nachlass von Karl Marx und Friedrich Engels

F. Mehring (Hrsg.)

Berlin und Stuttgart: Verlag von J. H. W. Dietz Nach

1923

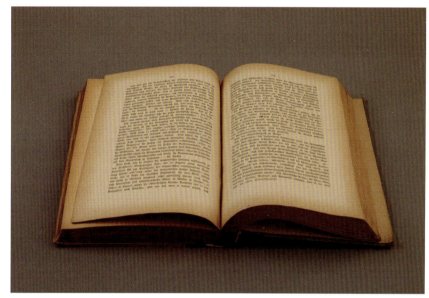

弗·梅林编：《卡尔·马克思和弗里德里希·恩格斯1841—1850年遗著选》。斯图加特：J. H. W. 狄茨·纳赫夫，1923年。

1923年出版的《卡尔·马克思和弗里德里希·恩格斯1841—1850年遗著选》是梅林于1902年所编的《卡尔·马克思、弗里德里希·恩格斯和费迪南德·拉塞尔遗著选》的第四版，共计3卷。它比第一版少了《费迪南德·拉萨尔致卡尔·马克思和弗里德里希·恩格斯的书信（1849—1862年）》这一部分。23cm × 16cm。

清华大学图书馆 旧藏

 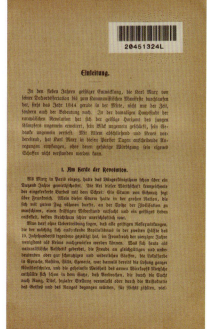

倍倍尔、伯恩斯坦编《恩格斯和马克思书信》

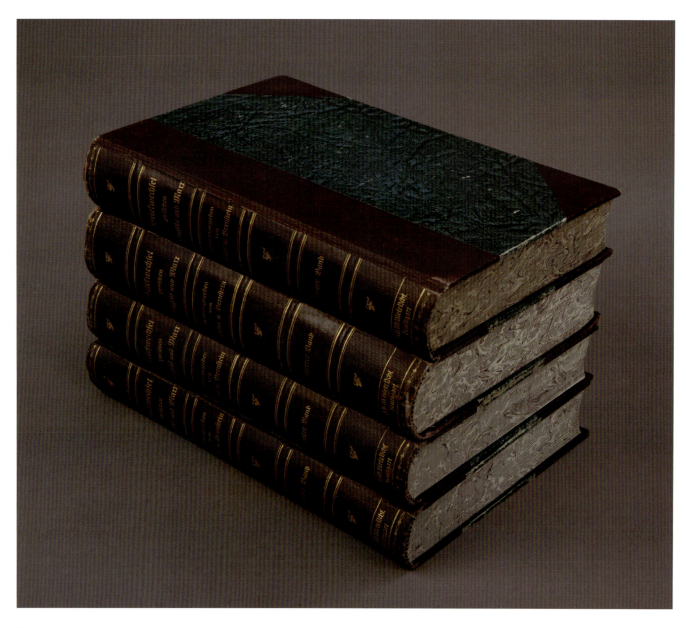

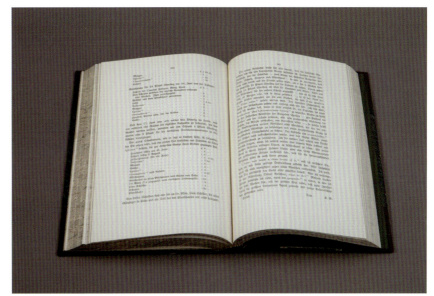

Der Briefwechsel zwischen Friedrich Engels und Karl Marx 1844 bis 1883

A. Bebel, Ed. Bernstein (Hrsg.)

Stuttgart: J.H.W. Dietz Nachf

1913

奥·倍倍尔，爱·伯恩斯坦编：《弗里德里希·恩格斯和卡尔·马克思1844—1883年书信》。斯图加特：J. H. W. 狄茨·纳赫夫，1913年。

《弗里德里希·恩格斯和卡尔·马克思1844—1883年书信》是德国社会民主党的领导人和理论家倍倍尔和伯恩斯坦所编辑的。23cm×16cm。

清华大学马克思恩格斯文献研究中心

梁赞诺夫编《马克思恩格斯1852—1862年文集》

马克思恩格斯著作集

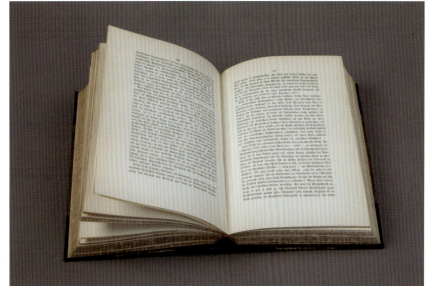

Gesammelte Schriften von Karl Marx und Friedrich Engels 1852 bis 1862

D. Rjasanoff (Hrsg.)

Stuttgart: J.H.W. Dietz Nachf

1917

达·梁赞诺夫编：《卡尔·马克思和弗里德里希·恩格斯1852—1862年文集》。斯图加特：J. H. W. 狄茨·纳赫夫，1917年。

《卡尔·马克思和弗里德里希·恩格斯1852—1862年文集》是MEGA工程的创始人梁赞诺夫所编辑的。23cm×16cm。第一卷530页，第二卷551页。

清华大学马克思恩格斯文献研究中心

梁赞诺夫编《马克思恩格斯文库》

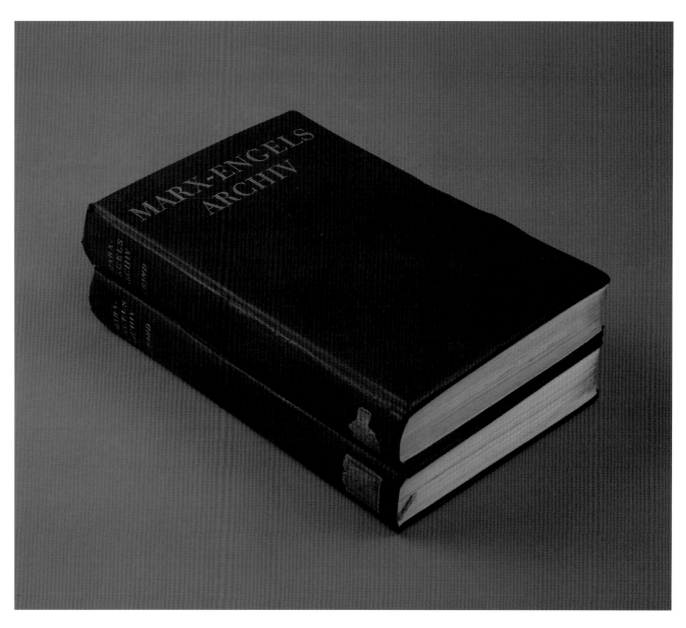

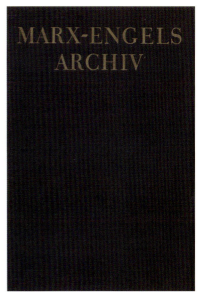

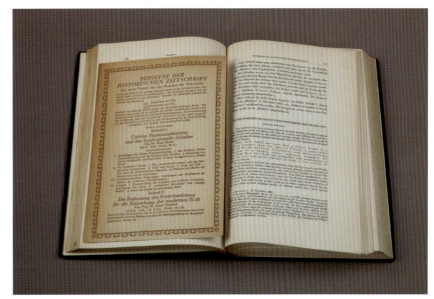

Marx-Engels Archiv

D. Rjazanov (Hrsg.)

Frankfurt a. M.: Marx- Engels- Archiv Verlag

1926—1927

达·梁赞诺夫编：《马克思恩格斯文库》。美因河畔法兰克福：马克思恩格斯文献出版社，1926—1927年。

《马克思恩格斯文库》由MEGA工程的创始人梁赞诺夫编辑，收录了大量马克思恩格斯生前没有发表、后来产生了深远影响的经典文献。25cm×17cm。1162页。

清华大学马克思恩格斯文献研究中心

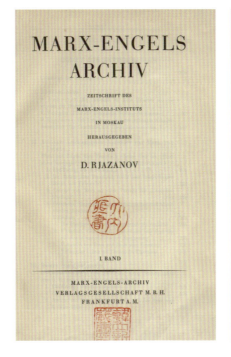
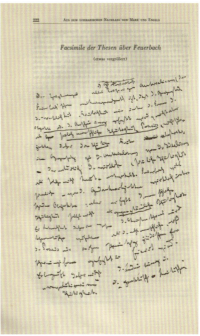

《马克思恩格斯全集》日本改造社版

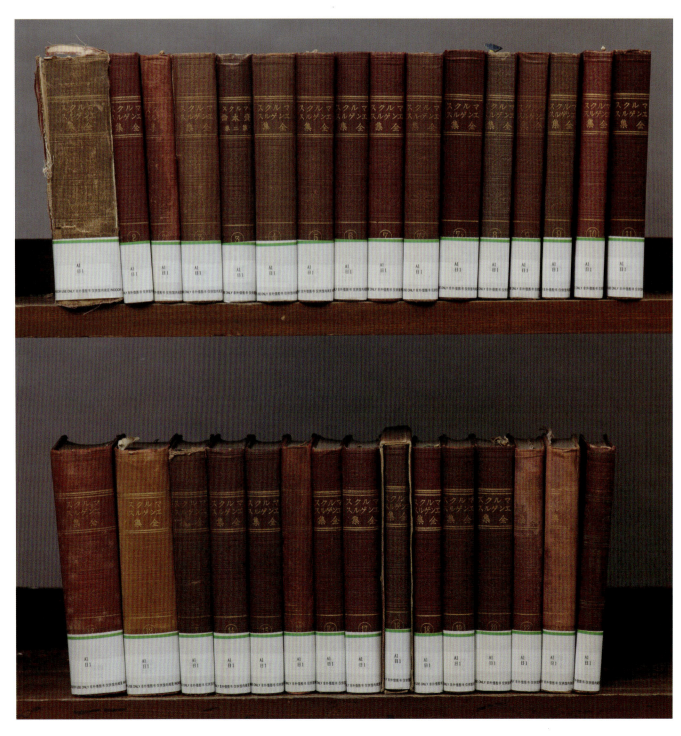

马克思恩格斯著作集

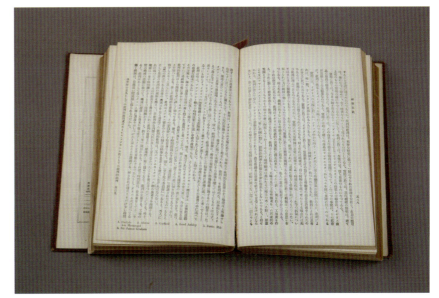

マルクス/エンゲルス: マルクス=エンゲルス全集

東京: 改造社

1928—1935年

马克思, 恩格斯:《马克思恩格斯全集》。东京: 改造社, 1928—1935年。

改造社版本的《马克思恩格斯全集》共32卷, 是日译《马克思恩格斯全集》的代表作, 也是世界上最早出版的翻译全集。20cm × 13cm。

清华大学图书馆 服部文库

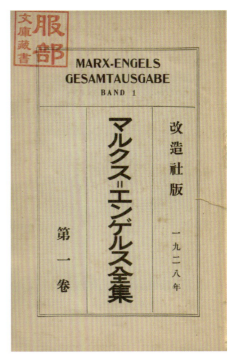

《马克思恩格斯全集》俄文第二版

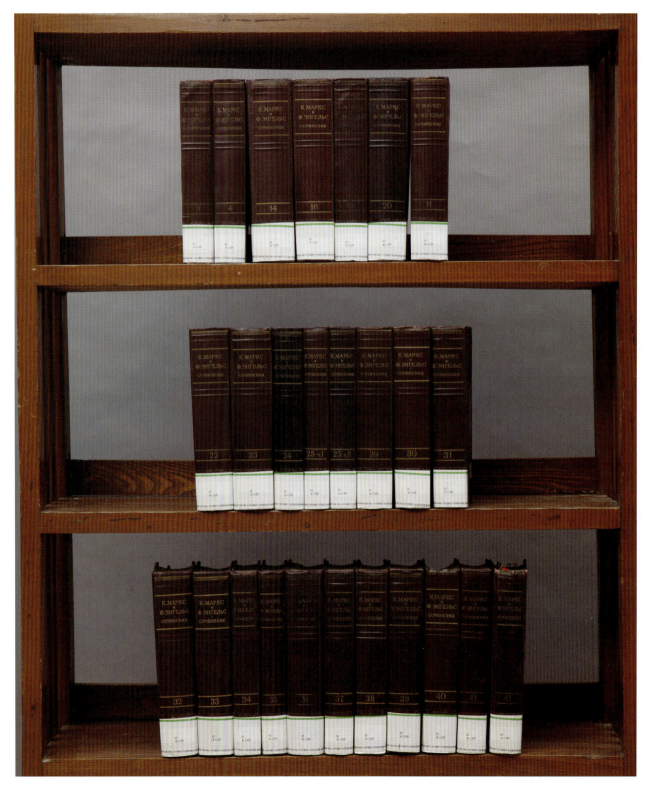

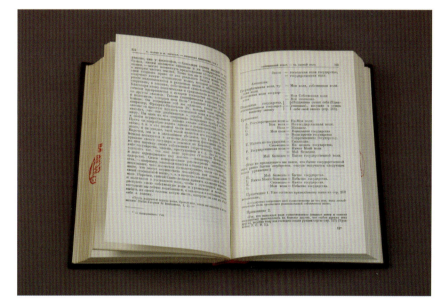

К. Маркс и Ф. Энгельс: *К. Маркс и Ф. Энгельс Сочинения*

Москва: Государственное Издательство Политической литературы

1955—1966

卡·马克思，弗·恩格斯：《马克思恩格斯全集》。莫斯科：国家政治文献出版社，1955—1966年。

苏共中央马列主义研究院出版的《马克思恩格斯全集》俄文第二版，共39卷（42册）。后来，又出版了11卷补卷（第40—50卷）。该全集是很多语种译本的底本，在世界上广泛流传。23cm×15cm。

清华大学图书馆 服部文库

《马克思恩格斯全集》英文版

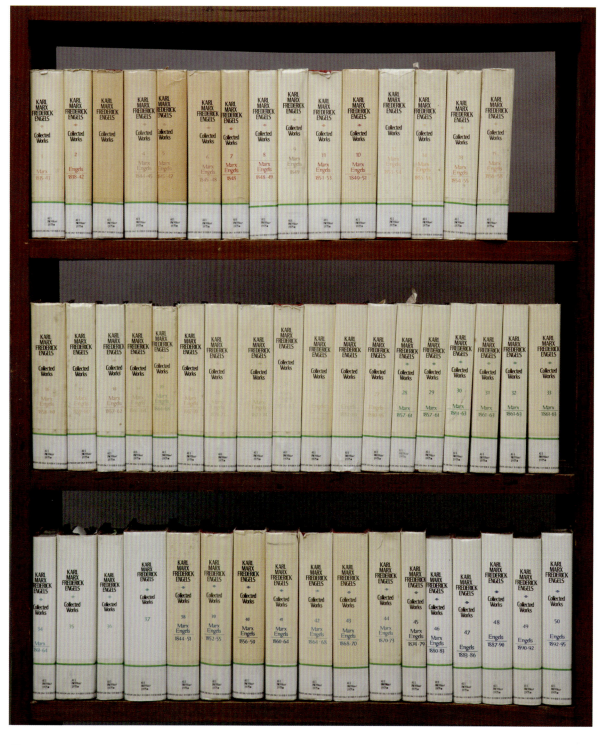

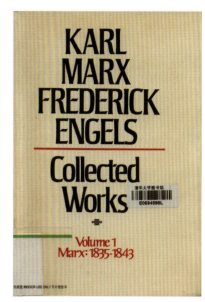

Karl Marx, Frederick Engels Collected Works

Moscow / London / New York City: Progress Publishers / Lawrence and Wishart / International Publishers 1975—2005

马克思，恩格斯：《马克思恩格斯全集》。莫斯科/伦敦/纽约：进步出版社/劳伦斯·惠沙特/国际出版社，1975—2005年。

《马克思恩格斯全集》英文版由理查德·狄克逊（Richard Dixon）等人翻译，共50卷。该全集由莫斯科进步出版社、伦敦劳伦斯·惠沙特和纽约国际出版社合作编译。22cm×15cm。

清华大学图书馆 服部文库

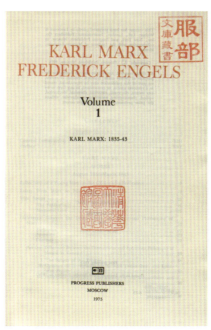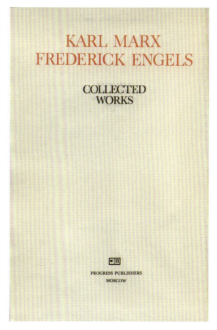

《德意志意识形态》专辑

《德意志意识形态》专辑简介

在马克思主义思想史上,马克思恩格斯写于1845—1846年的《德意志意识形态》地位特殊,对它的编辑和研究颇为引人瞩目。一方面,它是首次系统阐述唯物史观的经典文献;另一方面,它是一部马克思恩格斯生前没有发表,且没有明确两人写作分工的手稿,如何编辑它一直是国际理论界关注的焦点。自20世纪20年代它被重新发掘出来以后,近百年来围绕这部手稿产生了至少十余个有代表性的编辑版本,不同的编辑版本实质上反映了编者对马克思主义的不同理解。考虑到这部手稿的重要性,清华大学为它建立了版本库,这一版本库不仅包括《德意志意识形态》"序言"和"费尔巴哈"章的全部手稿图片,而且包括其最具代表性的原文版:"梁赞诺夫版""阿多拉茨基版"《马克思恩格斯全集》历史考证版(MEGA②)的"试刊版""先行版"和"正式版",此外还收藏了颇具文献价值的联邦德国"西德研究版"、文献学研究大国日本的"花崎皋平版""广松涉版""服部文男版""涩谷正版"和"小林昌人补译版"等,建成了一个品种齐全、专业系统的《德意志意识形态》版本库。

《德意志意识形态》"序言"和"费尔巴哈"章手稿的原件分别保存在俄罗斯和荷兰,清华大学保存的手稿影印件来自MEGA②第I部门第5卷Online版负责人大村泉教授的捐赠。"梁赞诺夫版"（1926年）是《德意志意识形态》"费尔巴哈"章第一个德文编辑版本。"阿多拉茨基版"（1932年）是指《马克思恩格斯全集》历史考证版（MEGA①）第I部门第5卷，是第一个完整收录了《德意志意识形态》全部手稿的编辑版本，它成为后来《马克思恩格斯全集》俄文第二版、中文第一版和世界各国编译此文献的底本，对世界产生了深远影响。伴随着20世纪60年代荷兰学者巴纳的新发现，人们意识到"阿多拉茨基版"中存在着编辑者人为地更改文本顺序的缺陷。为了纠正这一缺陷和更好地反映唯物史观，1965年苏联编辑了"巴加图利亚版"，1966年民主德国出版了"新德文版"，同年日本出版了"巴加图利亚版"的日译本"花崎皋平版"。1972年联邦德国出版了"西德研究版"，此版尝试了对"费尔巴哈"章的部分内容进行左右分栏编排。1975年日本还出版了一个颇具特色的"广松涉版"，该版恢复了曾在"梁赞诺夫版"中尝试过的、按手稿的原样编排手稿的方针，将手稿的删除、修正、增补、笔迹、栏外笔记等都排在正文中，对手稿的全文采取左右分栏的编辑。它在日本开启了对《德意志意识形态》版本编辑和研究的一个繁荣时代，此后的一系列标志性编辑版本："服部文男版""涩谷正版""小林昌人补译版"都继承了它的按手稿的原样编排手稿的方针，在正文中直接反映手稿的修改过程，只不过翻译用的底本与它有所不同，使用了下面所说的MEGA②的"试刊版"和"先行版"。20世纪70年代，苏联等社会主义国家重启了MEGA编辑工程（MEGA②），为了向全世界征求意见，他们曾推出"试刊版"和"先行版（或年鉴版）"，这两版都是由民主德国的英格·陶伯特等编辑的。2017年MEGA②的《德意志意识形态》卷正式出版。这三个MEGA②系列的版本，逐渐改变了以前各版力图将《德意志意识形态》编辑成一部反映唯物史观完整著作的做法，引入了"独立成篇"和"时间顺序"原则，不再将它编辑成一部完整的著作，这一新的编辑方针在世界范围内引起了广泛的争议，成功与否还有待时间的检验。另外，清华大学还收藏了已故中国台湾学者孙善豪的"孙善豪版"，该版以"先行版"为底本，采取了"涩谷版"的排列方式，是汉语世界值得注意的一个成果。

《德意志意识形态》"梁赞诺夫版"

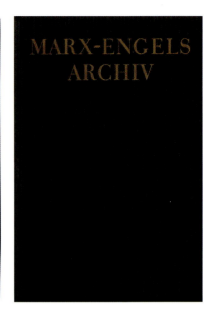
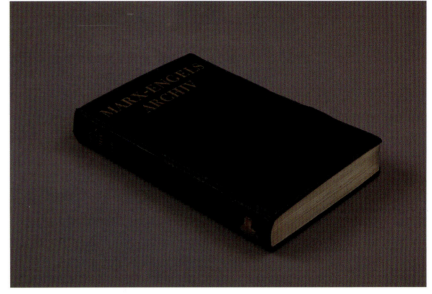

Marx-Engels Archiv, Bd. I, Marx und Engels über Feuerbach (Erste Teil der deutschen Ideologie)

D. Rjazanov (Hrsg.)

Frankfurt a. M.: Marx- Engels- Archiv Verlag

1926

达·梁赞诺夫编：《马克思恩格斯文库》第I卷，"马克思恩格斯论费尔巴哈"（《德意志意识形态》第一部分）。美因河畔法兰克福：马克思恩格斯文献出版社，1926年。

此版被称为"梁赞诺夫版"，是《德意志意识形态》"费尔巴哈"章的第一个德文编辑版本。26cm×17cm。169页。

清华大学马克思恩格斯文献研究中心

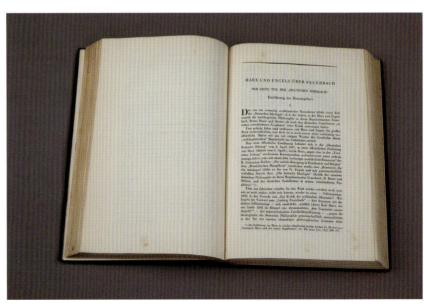

《德意志意识形态》"阿多拉茨基版"

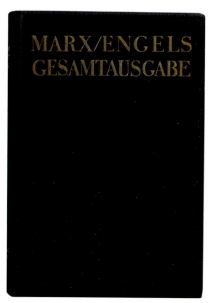

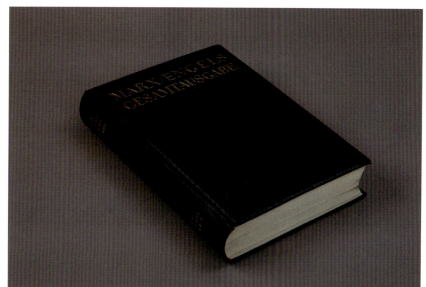

Marx/Engels Gesamtausgabe, I/5

V. Adoratskij (Hrsg.)

Berlin: Marx-Engels Verlag

1932

弗·阿多拉茨基编：《马克思恩格斯全集》历史考证版（MEGA①），第I部门第5卷。柏林：马克思恩格斯出版社，1932年。

此版被称为"阿多拉茨基版"，是《德意志意识形态》的第一个完整编辑版本。26cm×17cm。706页。

清华大学马克思恩格斯文献研究中心

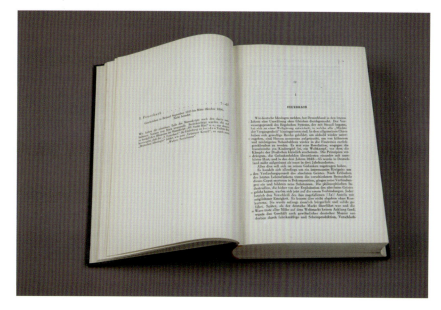

《德意志意识形态》"巴加图利亚版"的花崎日译本

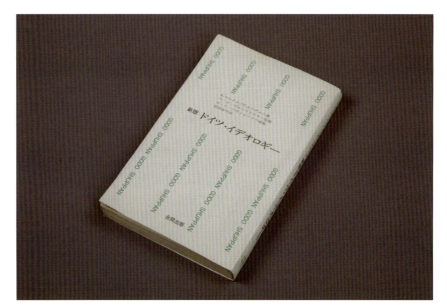

巴加图利亚編集：新版ドイツ・イデオロギー

巴加图利亚編集，花崎皋平訳

東京：合同出版

1966年

巴加图利亚编：《新版〈德意志意识形态〉》，花崎皋平译。东京：合同出版，1966年。

此版是"巴加图利亚版"的日译本。"巴加图利亚版"是20世纪60年代重新编辑《德意志意识形态》的俄文本。17cm×11cm。238页。

清华大学马克思恩格斯文献研究中心

《德意志意识形态》"西德研究版"

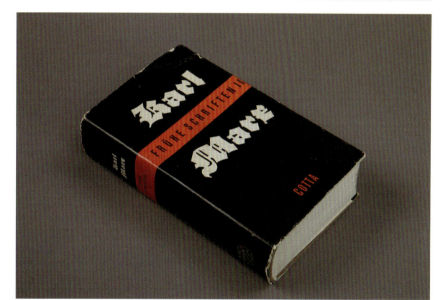

Karl Marx Frühe Schriften, Zweiter Band, "Die deutsche Ideologie"

Hans-Joachim Lieber, Peter Furth (Hrsg.): Stuttgart: Cotta-Verlag 1971

汉斯—约阿希姆·利贝尔,彼得·富尔特编:《卡尔·马克思早期文集》第二卷,"德意志意识形态"。斯图加特:科塔出版社,1971年。

此版在联邦德国出版,可称为"西德研究版",是对"费尔巴哈"章的几页进行左右分栏编排的较早尝试。20cm × 12cm。890页。

清华大学马克思恩格斯文献研究中心

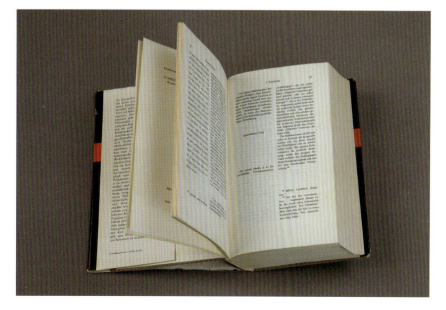

《德意志意识形态》"MEGA试刊版"

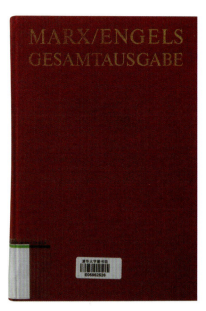
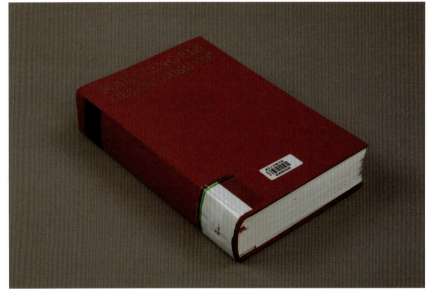

Marx/Engels Gesamtausgabe, Probeband

Institut für Marxismus-Leninismus (Sowjetunion und Deutschland) (Hrsg.)

Berlin: Dietz Verlag

1972

苏共中央马克思列宁主义研究院和德国统一社会党中央马克思列宁主义研究院编：《马克思恩格斯全集》历史考证版（MEGA）试刊版。柏林：狄茨出版社，1972年。

此版被称为"MEGA试刊版"，是为重启MEGA编辑工程而向全世界征求意见的版本。24cm×16cm。724页。

清华大学马克思恩格斯文献研究中心

《德意志意识形态》"广松涉版"

新編輯版ドイツ・イデオロギー

廣松渉編訳

東京：河出書房新社

1974年

广松涉编译：《新编辑版〈德意志意识形态〉》。东京：河出书房新社，1974年。

此版被称为"广松涉版"，它采取了对手稿的原始形态，包括删除、修正、增补、笔迹、栏外笔记等，进行复原的编辑方针。它开启了日本重新编辑《德意志意识形态》的浪潮。26cm×17cm。第一册159页，第二册169页。

清华大学马克思恩格斯文献研究中心

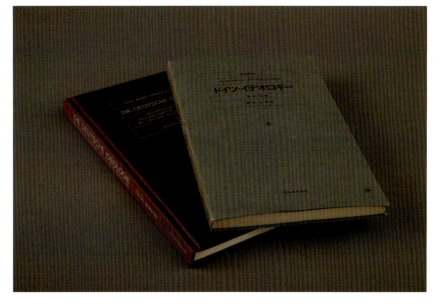

《德意志意识形态》"服部文男版"

新訳ドイツ・イデオロギー

服部文男監訳

東京：新日本出版社

1996年

服部文男监译：《新译〈德意志意识形态〉》。东京：新日本出版社，1996年。

此版被称为"服部文男版"，它是日本尝试按照"MEGA试刊版"进行编译的版本。21cm×15cm。137页。

清华大学马克思恩格斯文献研究中心

《德意志意识形态》"涩谷正版"

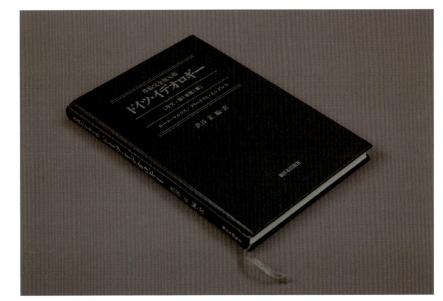

草稿完全復元版ドイツ・イデオロギー

渋谷正編訳

東京：新日本出版社

1998年

涩谷正编译：《草稿完全复原版〈德意志意识形态〉》。东京：新日本出版社，1998年。

此版被称为"涩谷正版"，它以"MEGA试刊版"为底本，采取了对手稿的原始形态，包括删除、修正、增补、笔迹、栏外笔记等，进行复原的编辑方针。21cm×15cm。181页。

清华大学马克思恩格斯文献研究中心

《德意志意识形态》"小林昌人补译版"

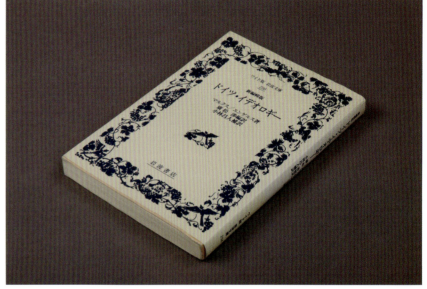

新編輯版ドイツ・イデオロギー

廣松渉編訳，小林昌人補訳

東京：岩波書店

2002年，2005年

广松涉编译，小林昌人补译：《新编辑版〈德意志意识形态〉》。东京：岩波书店，2002，2005年。

此版被称为"小林昌人补译版"，它在2002年根据"MEGA试刊版"（2005年版又根据"MEGA先行版"）对"广松涉版"进行了补充和修订。26cm×17cm。第一卷169页；第二卷159页。

清华大学马克思恩格斯文献研究中心

《德意志意识形态》专辑

《德意志意识形态》"MEGA先行版"

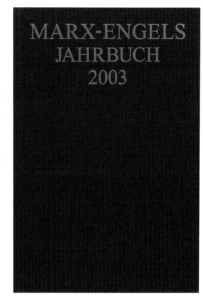
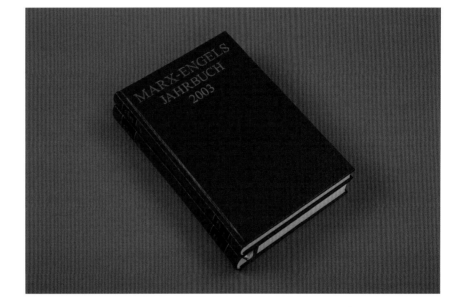

Marx-Engels Jahrbuch 2003

Internationalen Marx-Engels-Stiftung (Hrsg.)

Amsterdam: Akademie Verlag

2004

国际马克思恩格斯基金会编：《马克思恩格斯年鉴（2003）》。阿姆斯特丹：学术出版社，2004年。

此版被称为"MEGA先行版"或"年鉴版"，它是对"费尔巴哈"章等手稿，按照"独立成篇"和"时间顺序"原则编排的版本。24cm×16cm。正文144页；附属材料400页。

清华大学马克思恩格斯文献研究中心

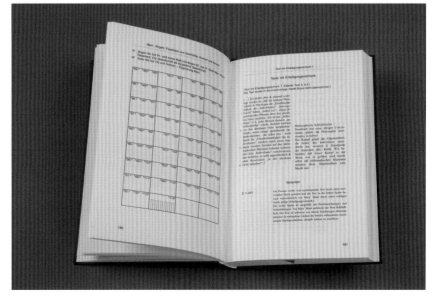

《德意志意识形态》"孙善豪版"

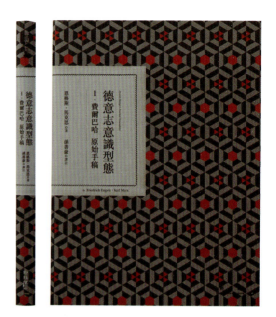

《〈德意志意识形态〉I.费尔巴哈原始手稿》

孙善豪译注

台北：联经出版公司

2016年

此版被称为"孙善豪版"，它是按照"MEGA先行版"对"费尔巴哈"章编辑的汉译版本，其中包含了对手稿完全复原的几页。24cm×18cm。121页。

清华大学马克思恩格斯文献研究中心

《德意志意识形态》"MEGA正式版"

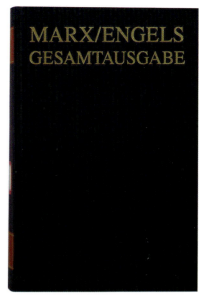
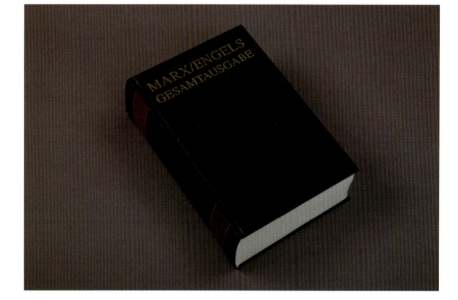

Marx/Engels Gesamtausgabe, I/5 (Text & Apparat)

Internationalen Marx-Engels-Stiftung (Hrsg.)

Amsterdam: De Gruyter Akademie Forschung

2017

国际马克思恩格斯基金会编：《马克思恩格斯全集》历史考证版第2版（MEGA②），第I部门第5卷（正文卷和附属资料卷）。阿姆斯特丹：德古意特，2017年。

此版是"MEGA②正式版"，它是（MEGA②）在2017年底出版的最新版《德意志意识形态》的全文编辑版本。24cm×16cm。709页。

清华大学马克思恩格斯文献研究中心

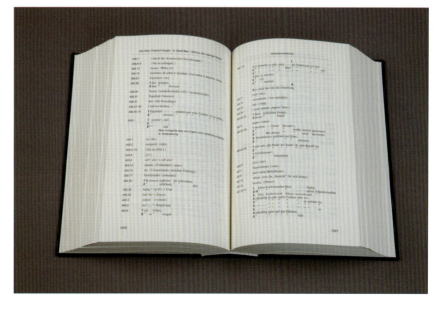

《资本论》专辑

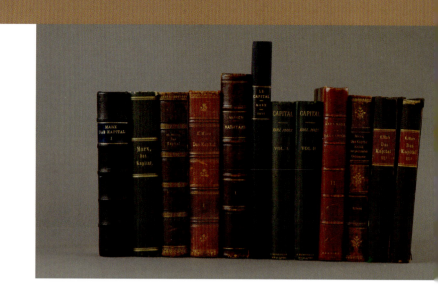

《资本论》专辑简介

《资本论》是马克思一生最重要的作品，对世界历史产生过重要影响。自1867年《资本论》第一卷面世以来，已经被翻译为几十种语言，广泛传播于世界各地。清华大学藏《资本论》版本库，目前已经涵盖了150多年来六大主要语种的重要版本。其中最为珍贵的是马克思、恩格斯生前出版的各个版本。

《资本论》的文本群

《资本论》曾被当作一部完成了的作品，由三卷"通行本"组成。对《资本论》的翻译和研究，也主要基于"通行本"展开。影响力最为广泛的"通行本"是：《资本论》第一卷的1890年德文第4版、第二卷的1893年德文第2版和第三卷的1894年德文版。随着2012年《马克思恩格斯全集》历史考证版（MEGA②）第Ⅱ部门"《资本论》及其准备材料"所有卷次的完整出版，学界越来越将《资本论》作为一个文本群进行整体研究，并将《资本论》看作是一部开放的、未完成的作品。这个文本群包括全三卷的所有"作者版"、手稿、书信和笔记等。

《资本论》"作者版"

"作者版"是指由马克思、恩格斯亲自修订、编辑或审定而出版的版本。以第一卷为例，MEGA②第Ⅱ部门完整收录了第一卷的6个"作者版"，表明这6个"作者版"是相互关联而又各自具有独立学术价值的版本。这6个版本包括3个马克思版，即《资本论》第一卷的1867年德文第1版、1872—1873年德文第2版和1872—1875年法文版；马克思逝世以后，恩格斯主持出版了3个恩格斯编辑版，即第一卷的1883年第3版、1887年英文版和1890年德文第4版。《资本论》第二卷则包括恩格斯编辑出版的2个德文版；第三卷包括恩格斯编辑出版的1个德文版。

《资本论》外译本和"大众版"

《资本论》最早出现的也是最重要的三种外译本是俄译本、法译本和英译本，这三种外译本与马克思、恩格斯有或多或少的联系。而早期的中日译本常常是从非"作者版"的德文版，甚至是从别的外译本二次翻译过来的，版本源流较为复杂。

所谓"大众版"，是保留原版文字，同时进行精细的校订，对印刷错误、笔误等予以改正，并配上前言、索引、附录等各种资料，以方便大众学习的一种版本。《资本论》影响力最大的两种大众版是1914—1929年由考茨基父子编辑出版的版本，以及1932—1934年由阿多拉茨基主持出版的版本。这两个德文大众版一度成为众多外译本的翻译蓝本，在传播史上有着不可忽视的地位。同时，这两个大众版的更替，也反映了马克思恩格斯文献的编辑和出版中心由德国向苏联的历史转移。

清华大学藏《资本论》来源于清华大学"服部文库"藏书、清华大学民国旧藏、清华大学马克思恩格斯文献研究中心藏书，以及近年来在海内外搜购而得的珍本。目前已经涵盖了150多年来六大主要语种——德文、法文、俄文、英文、日文和中文的重要版本。其中德文版、中文版和日文版的收藏相当完备。本专辑收录了其中最为珍贵的23种。

《资本论》第一卷第一版

Das Kapital.

Kritik der politischen Oekonomie.

Von

Karl Marx.

Erster Band.
Buch I: Der Produktionsprocess des Kapitals.

Das Recht der Uebersetzung wird vorbehalten.

Hamburg
Verlag von Otto Meissner.
1867.
New-York: L. W. Schmidt. 24 Barclay-Street.

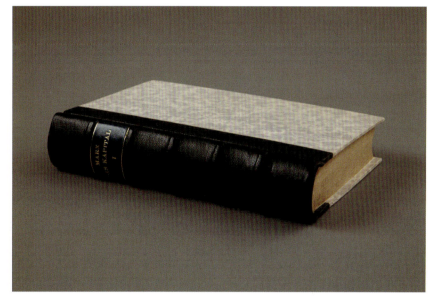

Karl Marx: *Das Kapital. Kritik der politischen Oekonomie. Erster Band*

Hamburg: Verlag von Otto Meissner 1867

卡尔·马克思：《资本论：政治经济学批判》第一卷。汉堡：迈斯纳出版社，1867年。

《资本论》第一卷第一版，1867年9月问世于德国汉堡，发行量仅1000册，存世稀少。本藏品最早的收藏者为美国费城劳工学园（Labor Lyceum）图书馆。21cm×15cm。784页。

清华大学图书馆 海外购买

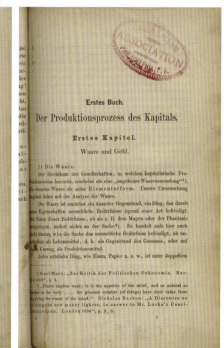

《资本论》第一卷第二版

Das Kapital.

Kritik der politischen Oekonomie.

Von

Karl Marx.

Erster Band.
Buch I: Der Produktionsprocess des Kapitals.

Zweite verbesserte Auflage.

Das Recht der Uebersetzung wird vorbehalten.

Hamburg
Verlag von Otto Meissner.
1872.

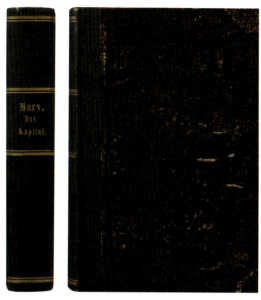

Karl Marx: *Das Kapital. Kritik der politischen Oekonomie. Erster Band. Zweite verbesserte Auflage*

Hamburg: Verlag von Otto Meissner
1872

卡尔·马克思：《资本论：政治经济学批判》第一卷，第二版。汉堡：迈斯纳出版社，1872年。

《资本论》第一卷第二版，是马克思修订出版的最后一个德文版，篇目与内容都有变动。第二版一开始分为9个分册，在1872年7月至1873年4月间陆续问世，到1873年5月才发行合订本。21cm×15cm。830页。

清华大学图书馆 海外购买

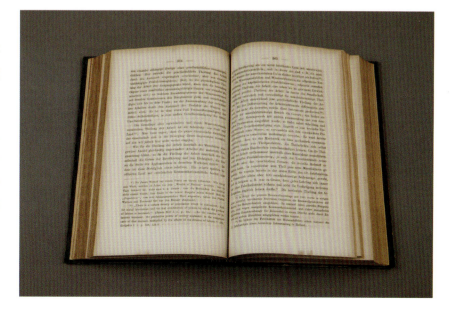

《资本论》第一卷第三版

Das Kapital.

Kritik der politischen Oekonomie.

Von

Karl Marx.

Erster Band.
Buch I: Der Produktionsprocess des Kapitals.

Dritte vermehrte Auflage.

Das Recht der Uebersetzung wird vorbehalten.

Hamburg
Verlag von Otto Meissner.
1883.

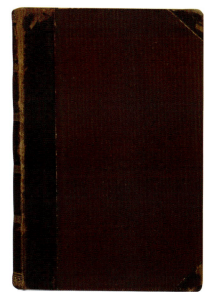
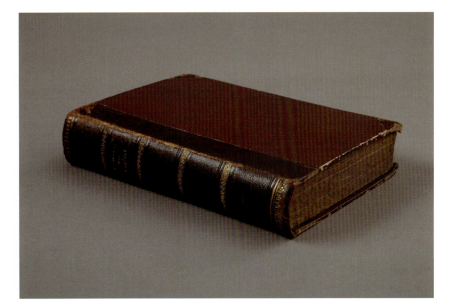

Karl Marx: *Das Kapital. Kritik der politischen Oekonomie. Erster Band. Dritte vermehrte Auflage*

Hamburg: Verlag von Otto Meissner
1883

卡尔·马克思：《资本论：政治经济学批判》第一卷，第三版。汉堡：迈斯纳出版社，1883年。

《资本论》第一卷第三版，由恩格斯根据马克思留下的几种修改意见修订出版。21cm×15cm。808页。

清华大学图书馆 海外购买

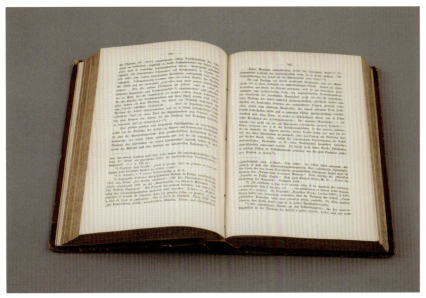

《资本论》第一卷第四版

Das Kapital.

Kritik der politischen Oekonomie.

Von

Karl Marx.

Erster Band.

Buch I: Der Produktionsprocess des Kapitals.

Vierte, durchgesehene Auflage.

Herausgegeben von Friedrich Engels.

Das Recht der Uebersetzung wird vorbehalten.

Hamburg.

Verlag von Otto Meissner.

1890.

《资本论》专辑

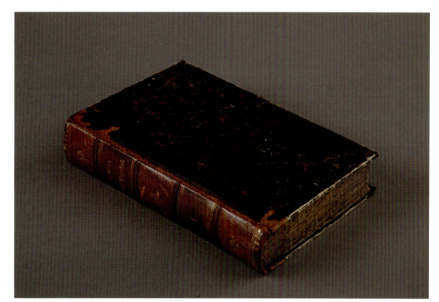

Karl Marx: *Das Kapital. Kritik der politischen Oekonomie. Erster Band. Vierte, durchgesehene Auflage*

Friedrich Engels (Hrsg.)

Hamburg: Verlag von Otto Meissner

1890

卡尔·马克思著，弗里德里希·恩格斯编：《资本论：政治经济学批判》第一卷，第四版。汉堡：迈斯纳出版社，1890年。

《资本论》第一卷第四版，是由恩格斯修订的最后一个德文版，也是现在的通行版本。21cm×15cm。739页。

清华大学图书馆 海外购买

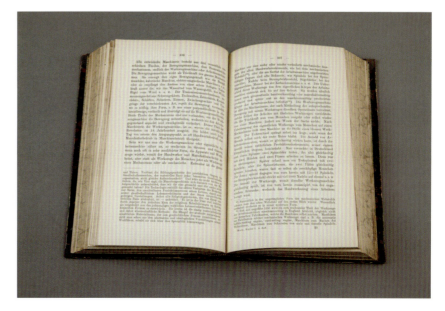

《资本论》第二卷第一版

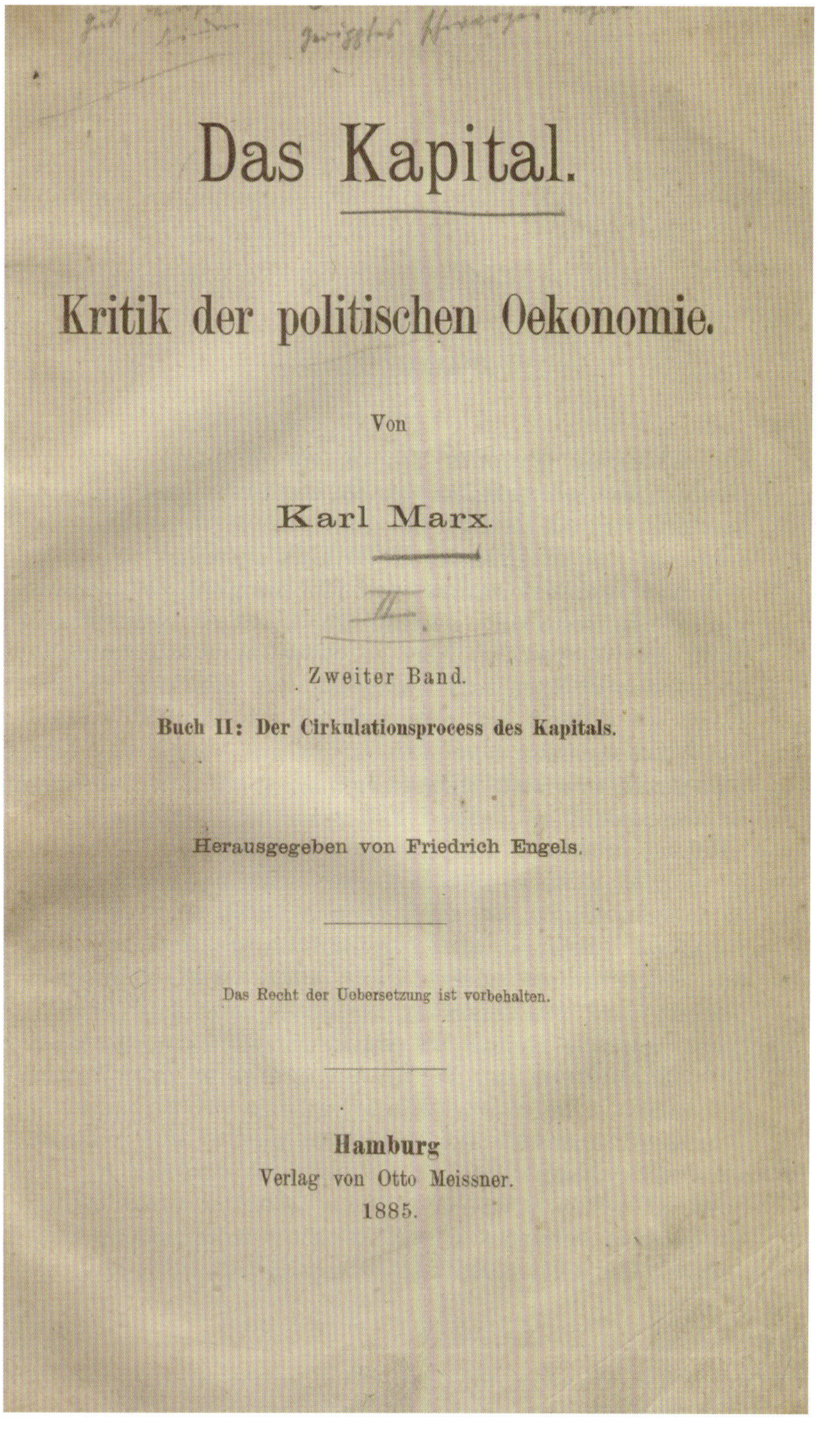

Das Kapital.

Kritik der politischen Oekonomie.

Von

Karl Marx.

Zweiter Band.

Buch II: Der Cirkulationsprocess des Kapitals.

Herausgegeben von Friedrich Engels.

Das Recht der Uebersetzung ist vorbehalten.

Hamburg
Verlag von Otto Meissner.
1885.

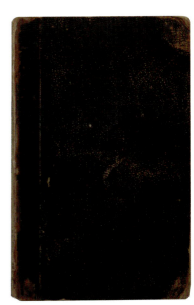

Karl Marx: *Das Kapital. Kritik der politischen Oekonomie. Zweiter Band*

Friedrich Engels (Hrsg.)

Hamburg: Verlag von Otto Meissner

1885

卡尔·马克思著，弗里德里希·恩格斯编：《资本论：政治经济学批判》第二卷。汉堡：迈斯纳出版社，1885年。

《资本论》第二卷第一版，是恩格斯根据马克思留下的手稿编辑出版的。本藏品含一张德国波恩Ludwig Röhrscheid书店1929年的售书凭证。23cm×15cm。526页。本藏品由王旭东捐赠。

清华大学马克思恩格斯文献研究中心

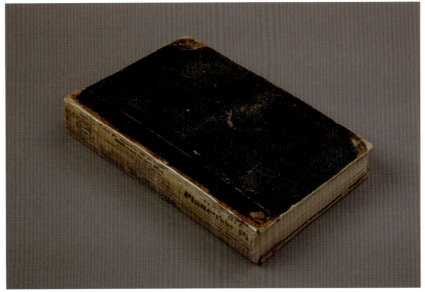

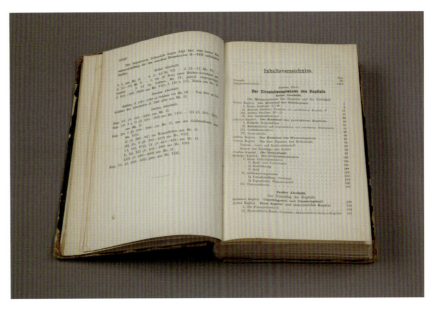

《资本论》第二卷第二版

Das Kapital.

Kritik der politischen Oekonomie.

Von

Karl Marx.

Zweiter Band.

Buch II: Der Cirkulationsprocess des Kapitals.

Zweite Auflage.

Herausgegeben von Friedrich Engels.

Das Recht der Uebersetzung ist vorbehalten.

Hamburg
Verlag von Otto Meissner.
1893.

《资本论》专辑

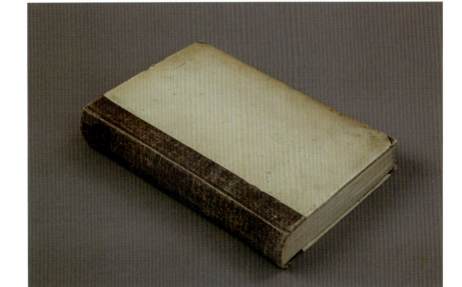

Karl Marx: *Das Kapital. Kritik der politischen Oekonomie. Zweiter Band. Zweiter Auflage*

Friedrich Engels (Hrsg.)

Hamburg: Verlag von Otto Meissner

1893

卡尔·马克思著,弗里德里希·恩格斯编:《资本论:政治经济学批判》第二卷第二版。汉堡:迈斯纳出版社,1893年。

《资本论》第二卷第二版由恩格斯编辑出版。本藏品含自由德国工会联盟大柏林区图书馆的藏书印(Freier Deutscher Gewerkschaftsbund Groß-Berlin Bibliothek)。22cm×14cm。500页。

清华大学马克思恩格斯文献研究中心

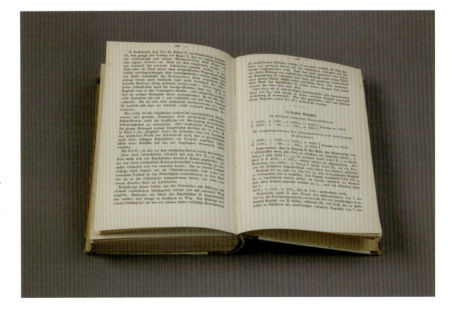

《资本论》第三卷第一版

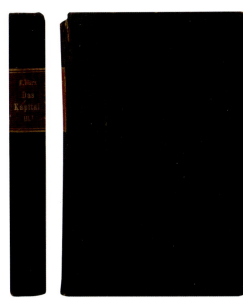

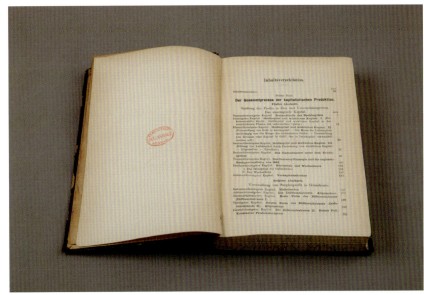

Karl Marx: *Das Kapital. Kritik der politischen Oekonomie.* Dritter Band

Friedrich Engels (Hrsg.)

Hamburg: Verlag von Otto Meissner

1894

卡尔·马克思著，弗里德里希·恩格斯编：《资本论：政治经济学批判》第三卷。汉堡：迈斯纳出版社，1894年。

《资本论》第三卷由恩格斯根据马克思的手稿整理出版，是恩格斯留下的唯一版本，含两个分册。22cm×14cm。第一册448页；第二册422页。

清华大学图书馆 海外购买

《资本论》第一卷法文版第一版

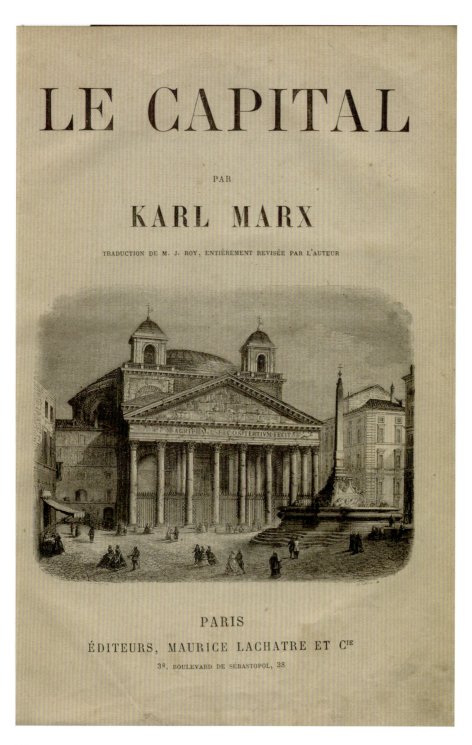

Karx Marx: *Le Capital. Critique de L'économie Politique*

Traduction de M. J. Roy, Entièrement Revisée par L'auteur

Paris: Éditeurs, Maurice Lachatre et Cie.

1872—1875

卡尔·马克思：《资本论：政治经济学批判》第一卷，约瑟夫·鲁瓦译。巴黎：莫里斯·拉·沙特尔出版社，1872—1875年。

《资本论》第一卷法文版，1872—1875年分为9辑44分册出版。法文版是马克思修订出版的最后一个版本。马克思不但亲自校订了译文，而且改写了篇章结构和整段的内容，法文版具有"独立的科学价值"。29cm×20cm。351页。

清华大学图书馆 海外购买

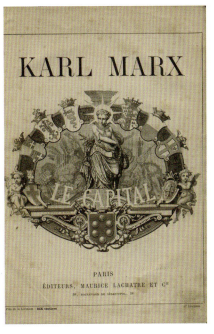
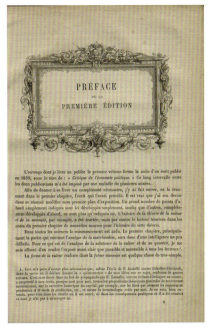

《资本论》第二、三卷法文版

BIBLIOTHÈQUE SOCIALISTE INTERNATIONALE
Publiée sous la direction de Alfred BONNET
III

LE CAPITAL

CRITIQUE DE L'ÉCONOMIE POLITIQUE

PAR

KARL MARX

avec une préface de FRIEDRICH ENGELS

LIVRE II

LE PROCÈS DE CIRCULATION DU CAPITAL

TRADUIT A L'INSTITUT DES SCIENCES SOCIALES DE BRUXELLES
par
Julian BORCHARDT et Hippolyte VANDERRYDT

PARIS
V. GIARD & E. BRIÈRE
LIBRAIRES-ÉDITEURS
16, Rue Soufflot, 16
1900

Karx Marx: *Le Capital. Critique de L'économie Politique. Livre II / Livre III/1 / Livre III/2.*

Avec une préface de Friedrich Engels, Traduit par Julian Borchardt et Hippolyte Vanderrydt

Paris: V. Giard & E. Brière Libraires-Éditeurs

1900/1901/1902

卡尔·马克思著，弗里德里希·恩格斯编：《资本论：政治经济学批判》第二卷/第三卷第1分册/第三卷第2分册，于连·保尔沙赫特、席波利特·万德里特译。巴黎：纪阿尔出版社和布里埃出版商，1900/1901/1902年。

该藏品为《资本论》第二卷和第三卷最早的法文本。由布鲁塞尔社会科学研究所邀请的于连·保尔沙赫特和席波利特·万德里特翻译。这两卷是作为《国际社会主义丛书》的第3—5卷出版的，其中《资本论》第三卷分为两册。23cm × 14cm。

清华大学图书馆 海外购买

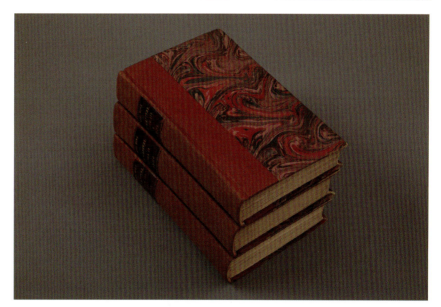

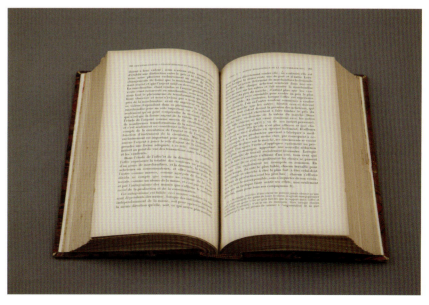

《资本论》第一卷俄文版第一版

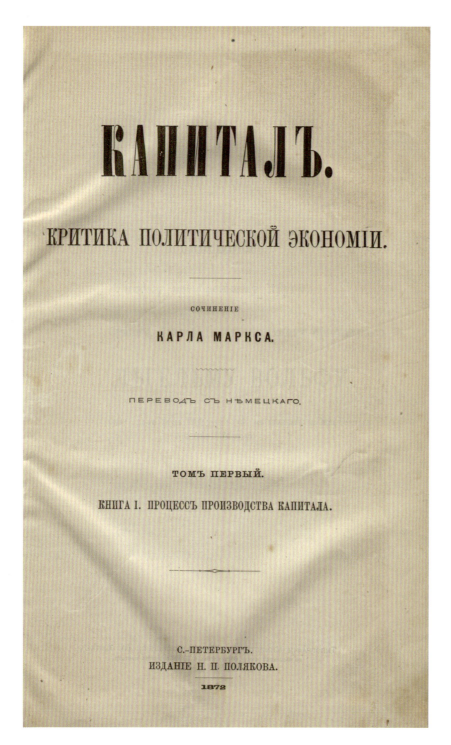

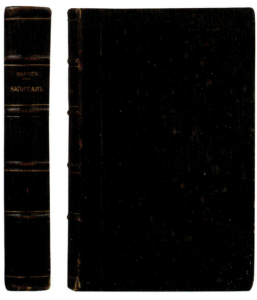

КАРЛА МАРКС: *«Капитал»*
Критика политической экономики

Санкт-Петербург. Издание Н.П.Полякова

1872

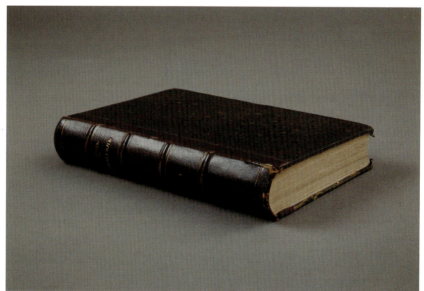

卡尔·马克思：《资本论：政治经济学批判》第一卷。圣彼得堡：波利亚科夫出版社，1872年。

《资本论》第一卷俄文版，是《资本论》最早的外文版，译者为洛帕廷和丹尼尔逊译。俄文版是马克思、恩格斯与译者亲自讨论、交换意见形成的译本，部分意见被吸收进德文第二版中。24cm×16cm。678页。

清华大学图书馆 海外购买

《资本论》第一、二卷俄文版第二版

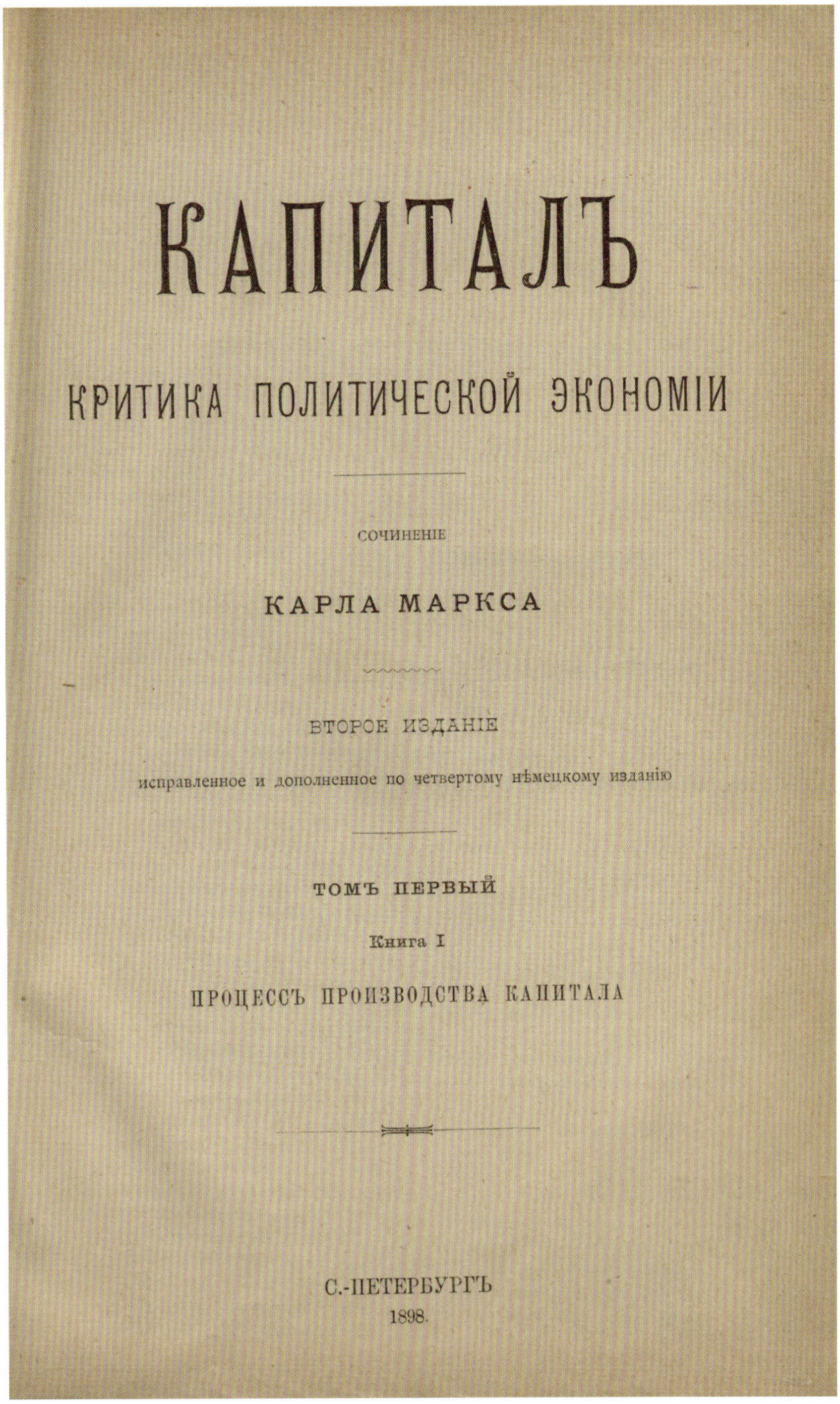

КАПИТАЛЪ

КРИТИКА ПОЛИТИЧЕСКОЙ ЭКОНОМІИ

СОЧИНЕНІЕ

КАРЛА МАРКСА

ВТОРОЕ ИЗДАНІЕ

исправленное и дополненное по четвертому нѣмецкому изданію

ТОМЪ ПЕРВЫЙ

Книга I

ПРОЦЕССЪ ПРОИЗВОДСТВА КАПИТАЛА

С.-ПЕТЕРБУРГЪ
1898.

《资本论》专辑

КАРЛА МАРКС: *«Капитал»*
Критика политической экономики

Санкт-Петербург

1898

卡尔·马克思：《资本论：政治经济学批判》。圣彼得堡：阿斯卡尔汉诺夫出版社，1898年。

《资本论》第二个俄文版，由柳比莫夫主持翻译。该俄文版包括《资本论》第一卷和第二卷。本藏品为第一卷。23cm × 16cm。676页。

清华大学图书馆 海外购买

《资本论》第一卷英文版第一版

CAPITAL:

A CRITICAL ANALYSIS OF CAPITALIST PRODUCTION

By KARL MARX

TRANSLATED FROM THE THIRD GERMAN EDITION, BY SAMUEL MOORE AND EDWARD AVELING

AND EDITED BY

FREDERICK ENGELS

VOL. I.

LONDON:
SWAN SONNENSCHEIN, LOWREY, & CO.,
PATERNOSTER SQUARE.
1887.

Karl Marx: *Capital: a Critical Analysis of Capitalist Production*

Frederick Engels (ed.), Samuel Moore and Edward Aveling (trans.)

London: Swan Sonnenschein, Lowrey, & Co.

1887

卡尔·马克思著,弗里德里希·恩格斯编:《资本论:资本主义生产的批判性分析》,萨缪尔·穆尔、爱德华·艾威林译。伦敦:斯旺·桑南夏恩和劳里公司,1887年。

《资本论》第一卷英文第一版,由穆尔和艾威林从德文第三版翻译,恩格斯校订,马克思的女儿艾琳娜核对引文。首次印刷时分为两册,印数仅500套。21cm×14cm。第一分册363;第二分册453页。

清华大学图书馆 海外购买

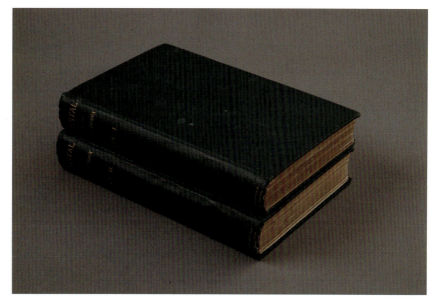
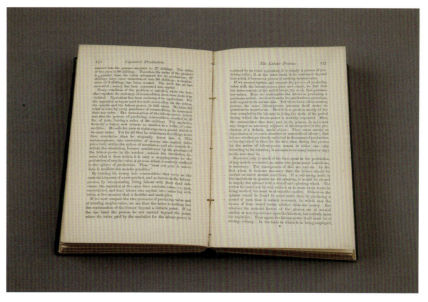

《资本论》第一卷 1889年英文版

CAPITAL

A CRITICAL ANALYSIS OF CAPITALIST PRODUCTION

By KARL MARX

TRANSLATED FROM THE THIRD GERMAN EDITION, BY SAMUEL MOORE AND EDWARD AVELING

AND EDITED BY FREDERICK ENGELS

STEREOTYPED EDITION.

LONDON:
SWAN SONNENSCHEIN AND CO.,
PATERNOSTER SQUARE.
1889.

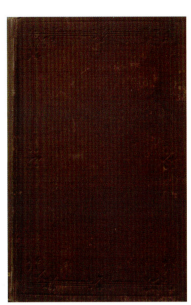

Karl Marx: *Capital: a Critical Analysis of Capitalist Production. Stereotyped edition*

Frederick Engels (ed.), Samuel Moore and Edward Aveling (trans.)

London: Swan Sonnenschein and Co.

1889

卡尔·马克思著,弗里德里希·恩格斯编:《资本论:资本主义生产的批判性分析》,萨缪尔·穆尔、爱德华·艾威林译。伦敦:斯旺·桑南夏恩公司,1889年。

该版是对1887年英文版翻印的铅印版,排版没变,只是将两分册改为合订本,增加了马克思的肖像,出版商与印刷厂信息有变更。23cm×15cm。816页。

清华大学图书馆 海外购买

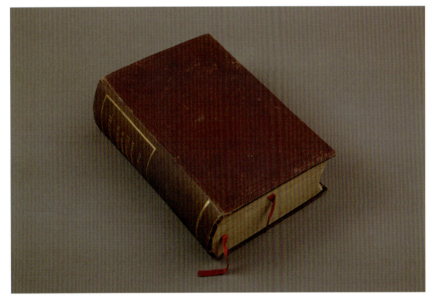
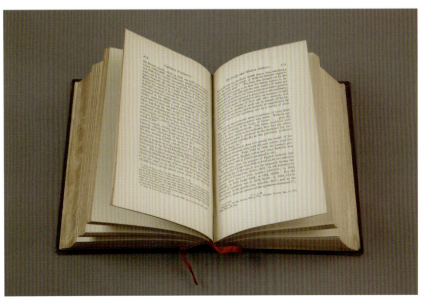

《资本论》第一卷美国版第一版

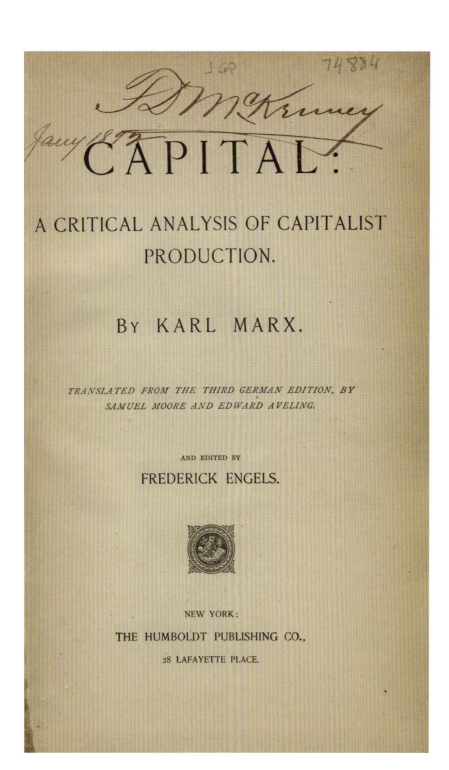

Karl Marx: *Capital: a Critical Analysis of Capitalist Production*

Frederick Engels (ed.), Samuel Moore and Edward Aveling (trans.)

New York: The Humboldt Publishing Co.

1890

卡尔·马克思著，弗里德里希·恩格斯编：《资本论：资本主义生产的批判性分析》，萨缪尔·穆尔、爱德华·艾威林译。纽约：洪堡出版公司，1890年。

1890年由洪堡出版社在美国出版，该版译文与1887年英文版相同，只是重新排版校勘。该版对美国工人争取"8小时工作制"的运动起到过很大的推动作用，当时定价1.75美元。本藏品有"华盛顿韦恩·麦克维和弗雷德里克·D. 麦肯尼法律图书馆"（Law Library of Wayne Macveagh and Frederic D. McKenney Washington 1900）的藏书票。506页。

清华大学图书馆 海外购买

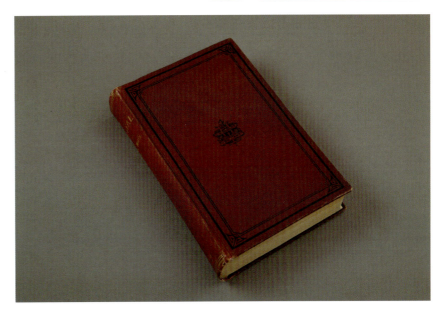

《资本论》全三卷英文版第一版

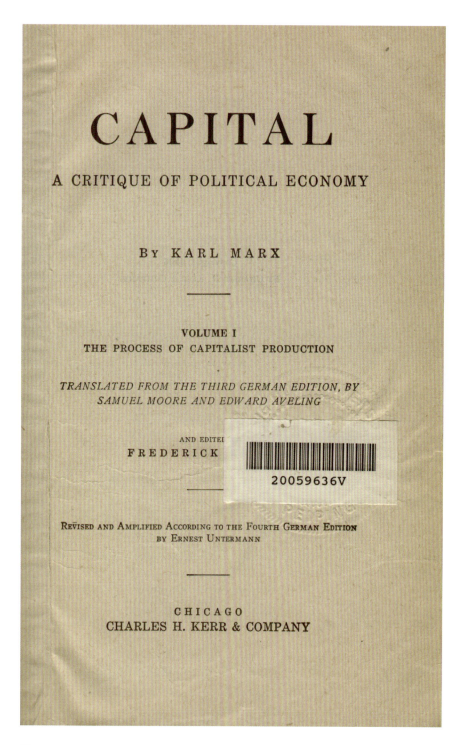

Karl Marx: *Capital: a Critique of Potitical Economy*

Edited by Frederick Engels, Translated by Samuel Moore and Edward Aveling, Revised and amplified by Ernest Untermann

Chicago: Charles H. Kerr & Company 1906/1907/1909

卡尔·马克思著，弗里德里希·恩格斯编：《资本论：政治经济学批判》，萨缪尔·穆尔、爱德华·艾威林译，欧内斯特·温特曼根据德文第四版修订。芝加哥：查理斯·H. 科尔公司，1906/1907/1909年。

这是《资本论》全三卷的第一个完整英译本，1906—1909年出版于美国芝加哥，亦称"芝加哥版"。该版是流行时间最长、传播范围最广的英文全译本。国立清华大学时期有多套藏本。22cm×15cm。

清华大学图书馆 旧藏

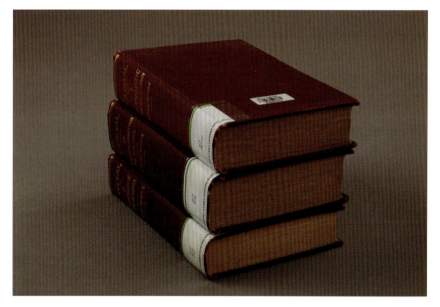

《资本论》第一卷日文版第一版

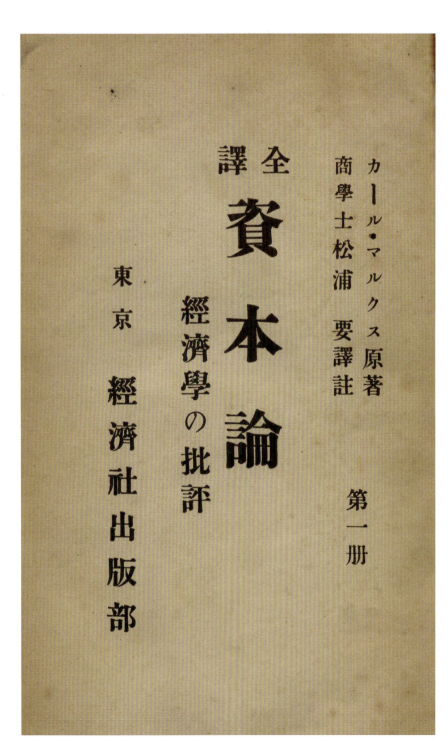

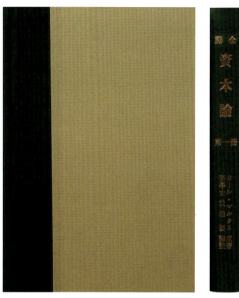

カール·マルクス：資本論 経済学の批評

松浦要譯註

東京：経済社出版部

大正8年

卡尔·马克思：《资本论：经济学批评》，松浦要译注。东京：经济社出版部，1919年。

松浦要译注的《资本论》第一卷是最早以单行本形式出版的日译本，分两册，于1919年（大正8年）9月和12月出版。该译本以恩格斯修订的《资本论》第一卷第四版为底本。一年内曾多次再版。19cm×13cm。第一册232页；第二册385页。

清华大学图书馆 海外购买

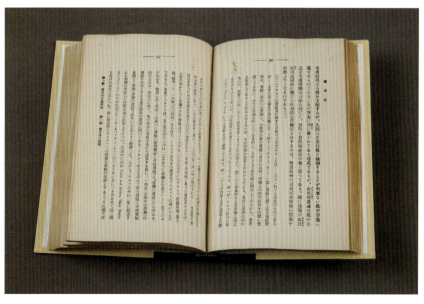

《资本论》全三卷日文版第一版

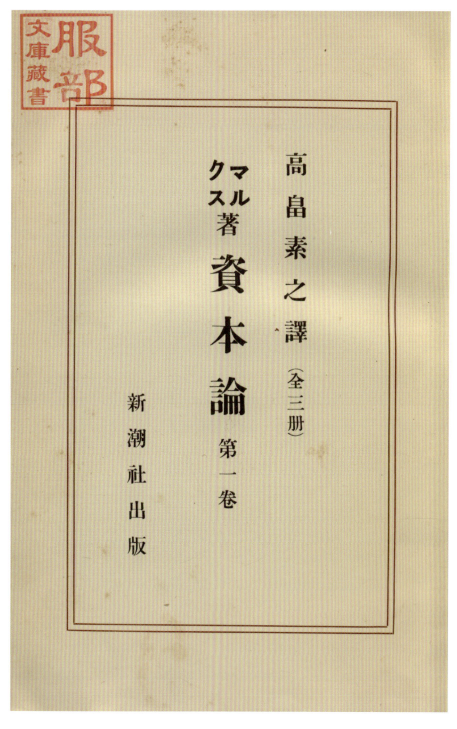

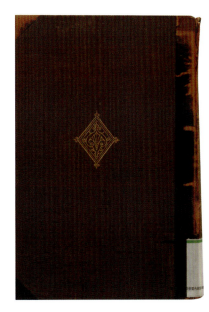

カール·マルクス：資本論（全三册）

高畠素之譯

東京：新潮社

大正14年至15年

卡尔·马克思：《资本论》（全三卷），高畠素之译。东京：新潮社，1925—1926年。

高畠素之翻译的《资本论》是第一个对全三卷的完整日译本，也是亚洲第一个全译本。高畠译本的第一版收在大镫阁出版的《马克思全集》里。改译后的第二版于1925—1926年（大正14—15年）由新潮社出版，即本藏品。再次修订的第三版由改造社出版。23cm×16cm。1040页。

清华大学图书馆 服部文库

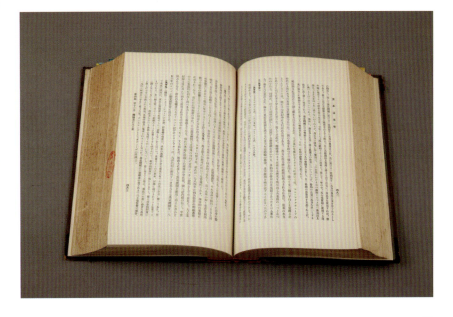

《资本论》第一卷河上肇日译本

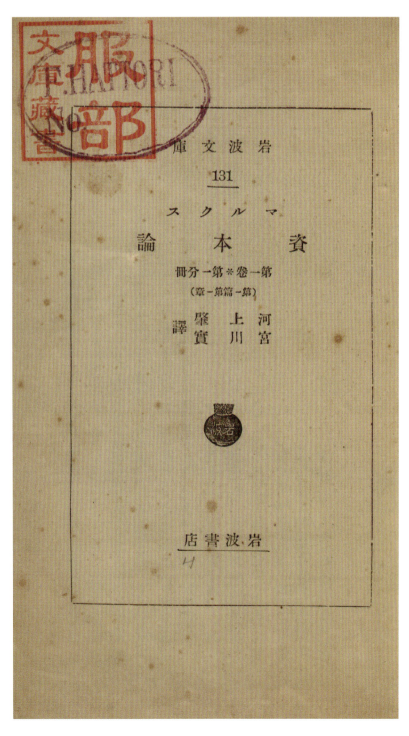

《资本论》专辑

カール・マルクス：資本論

河上肇、宫川實譯

東京：岩波書店

昭和兩年至四年

卡尔·马克思：《资本论》，河上肇、宫川实。东京：岩波书店，1927—1929年。

河上肇与宫川实翻译的《资本论》第一卷，于1927—1929年（昭和2—4年）年间分5册，以《岩波文库》的第131—135卷的形式出版。该译本的翻译蓝本为考茨基1921年版。1931年（昭和6年）两人又合作出版了第一卷上册的新译本，由改造社出版。16cm×10cm。第一分册129页。

清华大学图书馆 服部文库

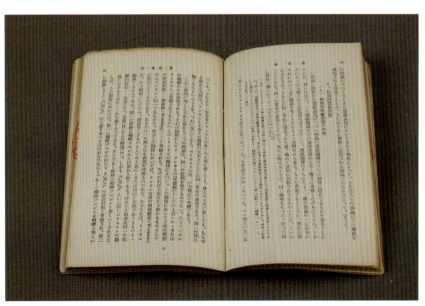

《资本论》第一卷中文版第一版

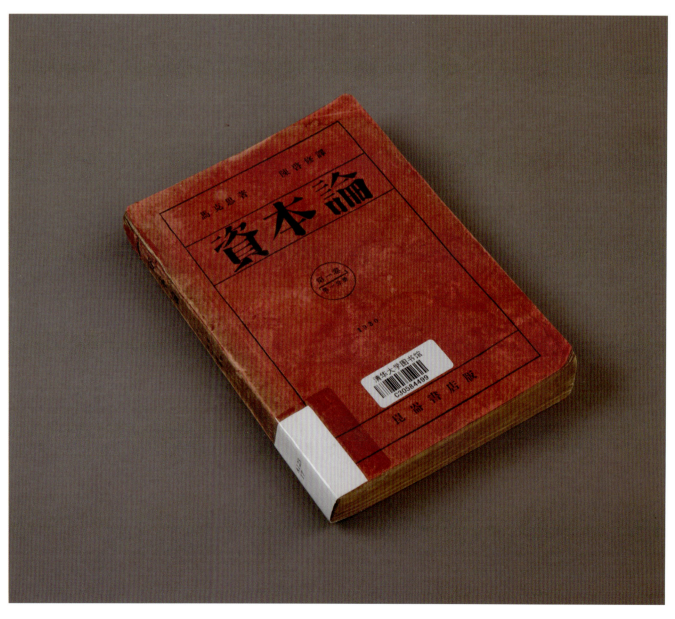

马克思:《资本论》第一卷第一分册。

陈启修译

上海:昆仑书店

1930年

最早的《资本论》第一卷中文版,但只翻译了《资本论》第一篇。译者陈启修(又名陈豹隐),是我国早期著名经济学家。陈启修版以考茨基大众版为翻译蓝本,并参考了日译等多种版本。19cm×13cm。236页。

清华大学图书馆 海外购买

《资本论》第一卷潘东舟译版

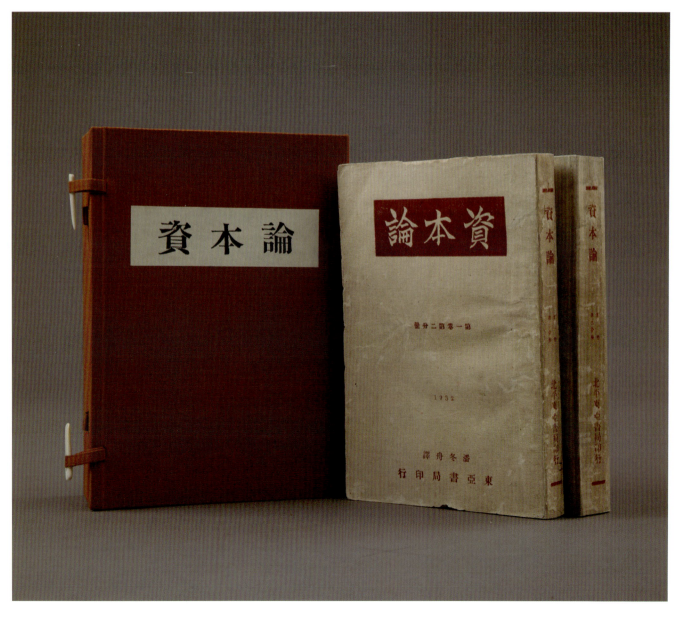

《资本论》专辑

马克思：《资本论》第一卷第二分册/第三分册。

潘冬舟译

北平：东亚书局

1932/1933年

潘冬舟译的《资本论》第一卷接续了1930年陈启修版，翻译了《资本论》第一卷的第二篇至第四篇。19cm×13cm。第二分册480页；第三分册406页。

清华大学图书馆 海外购买

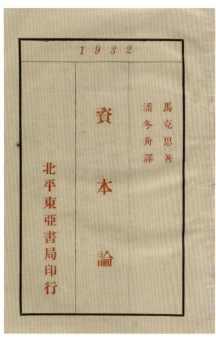

《资本论》第一卷王慎明、侯外庐译版(译者赠本)

《资本论》专辑

Karl Marx：《资本论》，第一卷上册，王慎明、侯外庐译。

国际学社

1932年

《资本论》第一卷的第一个中文全译本，分上中下三册，由王慎明（又名王思华）和侯外庐合译。本藏品为上册，是译者给清华图书馆的赠本。中下册于1936年出版。23cm×15cm。276页。

清华大学图书馆 旧藏

《资本论》考茨基大众版

Das Kapital

Kritik der politischen Oekonomie
von
KARL MARX

Erster Band
Buch I: Der Produktionsprozeß des Kapitals

Volksausgabe
Herausgegeben von KARL KAUTSKY

STUTTGART
Verlag von J. H. W. Dietz Nachfolger, G. m. b. H.
1914

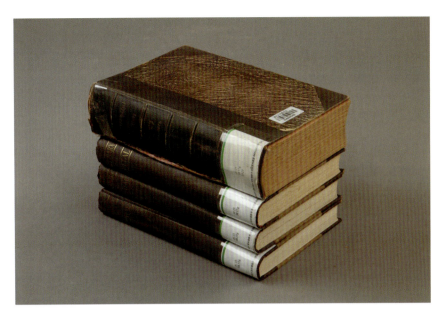

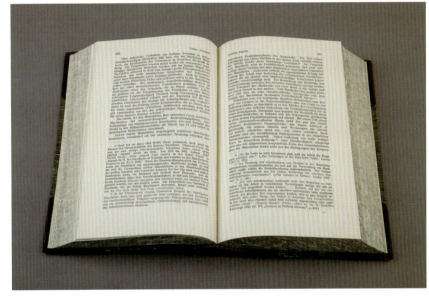

Karl Marx: *Das Kapital.Kritik der poltischen Oekonomie,Volksausgabe*

Friedrich Engels (Hrsg.), Karl Kautsky und Benedikt Kautsky (Besorgt.)

Stuttgart / Berlin: Verlag von J. H. W. Dietz Nachfolger

1914—1929

卡尔·马克思著,弗里德里希·恩格斯编,卡尔·考茨基、贝内迪克·考茨基整理:《资本论:政治经济学批判》,大众版。斯图加特/柏林:J. H. W. 狄茨·纳赫夫出版社,1914—1929年。

《资本论》全三卷的第一个大众版,由考茨基父子编辑,俗称考茨基大众版。该版对《资本论》的普及发挥过重要作用。其中第一卷采用了《资本论》第一卷德文第二版作为底本,梁赞诺夫为该版加了索引。24cm × 16cm。

清华大学图书馆 旧藏 / 海外购买

《资本论》研究院大众版

《资本论》专辑

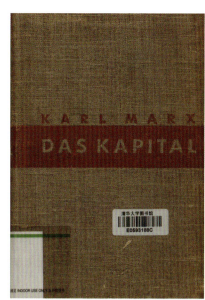

Karl Marx: *Das Kapital.Kritik der poltischen Oekonomie,Volksausgabe*

Friderich Engels (Hrsg.), Marx-Engels-Lenin-Institut (Besorgt.)

Moskau: Verlagsgenossenschaft ausländischer Arbeiter in der UdSSR. 1932—1934

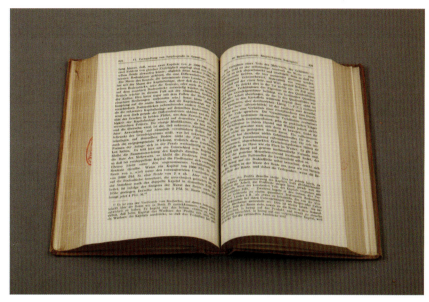

卡尔·马克思著，弗里德里希·恩格斯编，马克思恩格斯列宁研究院整理：《资本论：政治经济学批判》，大众版。莫斯科：苏联外国工人出版合作社，1932—1934年。

第二个影响力广泛的《资本论》全三卷大众版，1932—1934年由莫斯科的马克思恩格斯列宁研究院出版，亦称"研究院版"。该版还收录了马克思、恩格斯和列宁关于《资本论》的文章和书信。20cm×14cm。

清华大学图书馆 服部文库

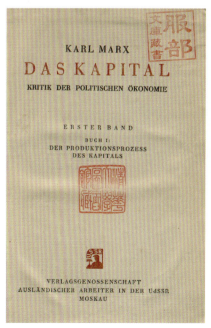

考茨基编《剩余价值学说史》第一版

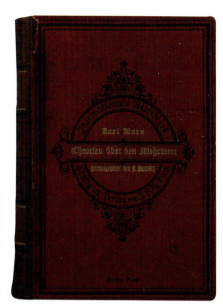

Karl Marx: *Theorien über den Mehrwert*

Karl Kautsky (Hrsg.)

Stuttgart: J.H.W. Dietz Nachf

1905—1910

卡尔·马克思著，卡尔·考茨基编：《剩余价值学说史》。斯图加特：J. H. W. 狄茨·纳赫夫出版社，1905—1910年。

《剩余价值学说史》第一版，由考茨基编辑，1905年出版了第1卷和第2卷，1910年出版了第3卷，共三卷4册。19cm×14cm。

清华大学马克思恩格斯文献研究中心

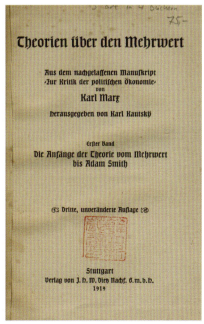

考茨基编《政治经济学批判》第二版

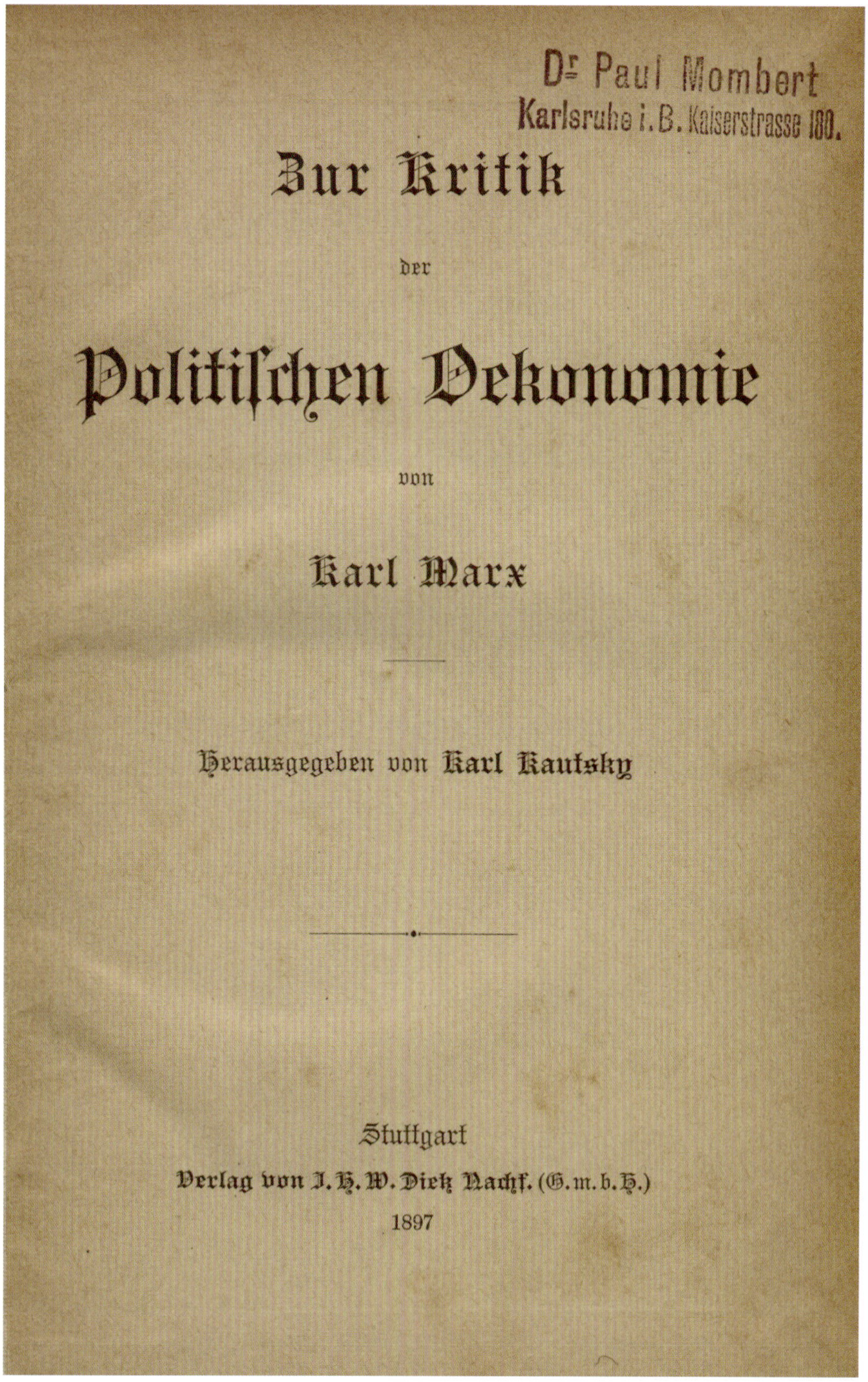

Zur Kritik

der

Politischen Oekonomie

von

Karl Marx

Herausgegeben von Karl Kautsky

Stuttgart
Verlag von J. H. W. Dietz Nachf. (G.m.b.H.)
1897

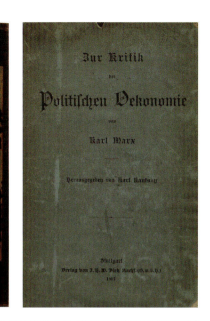

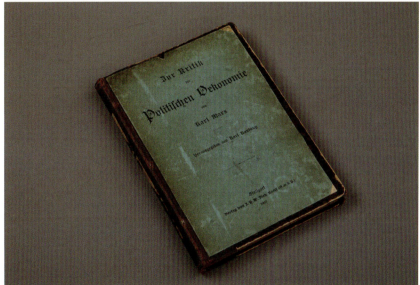

Karl Marx: *Zur Kritik der politischen Oekonomie*

Karl. Kautsky (Hrsg.)

Stuttgart: Verlag von J.H.W. Dietz Nachf

1897

卡尔·马克思著，卡尔·考茨基编：《政治经济学批判》。斯图加特：J.H.W. 狄茨·纳赫夫出版社，1897年。

《政治经济学批判》第二版，1897年由考茨基刊行。该版对1859年的原版作了少许的变更，变更依据来自马克思的笔记。19cm × 13cm。202页。

清华大学图书馆 海外购买

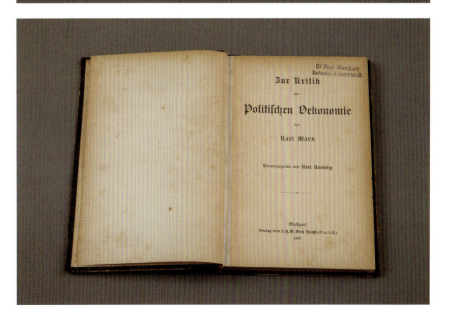

马克思《政治经济学批判大纲（1857—1858年手稿）》第一版

MARX-ENGELS-LENIN-INSTITUT · MOSKAU

KARL MARX
GRUNDRISSE DER KRITIK
DER POLITISCHEN ÖKONOMIE
(ROHENTWURF)
1857—1858

VERLAG FÜR FREMDSPRACHIGE LITERATUR · MOSKAU 1939

《资本论》专辑

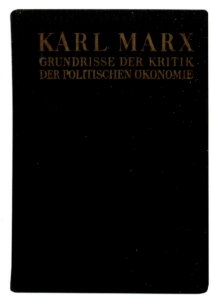
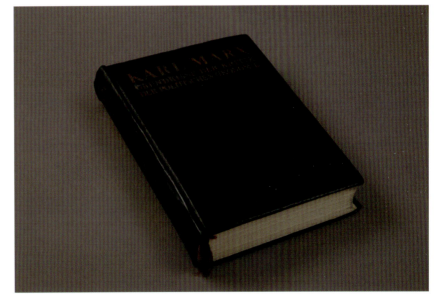

Karl Marx: *Grundrisse der Kritik der politischen Ökonomie. (Rohentwurf) 1857—1858*

Marx-Engels-Lenin-Institut (Hrsg.)

Moskau: Verlag für Fremdsprachige Literatur

1939

卡尔·马克思著，苏共中央马克思恩格斯列宁研究院编：《政治经济学批判大纲（1857—1858年手稿）》。莫斯科：外国语言文学出版社，1939年。

该版为《政治经济学批判大纲（1857—1858年手稿）》首次发表的全文版本。印刷3000多册，存世稀少。直到1953年才出版重印本。24cm×17cm。1102页。

清华大学马克思恩格斯文献研究中心

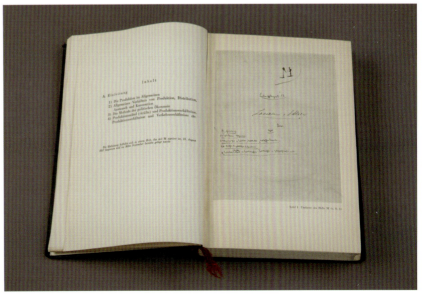

马克思主义文献

《莱茵报》影印版

马克思主义文献

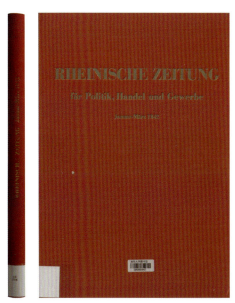

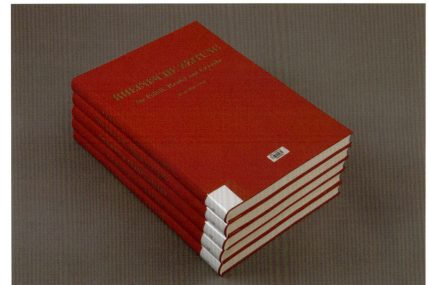

Rheinische Zeitung für Politik, Handel und Gewerbe

Inge Taubert, Jörg Armer (Hrsg.)
Leipzig: Zentralantiquariat der DDR
1974

英格·陶伯特，约尔格·阿默编：《莱茵政治、商业和工业日报》。莱比锡：民主德国中央古书店，1974年。

《莱茵政治、商业和工业日报》（简称《莱茵报》）是1842—1843年在科隆出版的报纸。包括马克思、赫斯在内的"青年黑格尔派"曾参与该报的撰稿和编辑，创办一年后被取缔。本藏品为民主德国在1974年出版的5卷本复刻版。43cm×30cm。

清华大学图书馆 海外购买

《新莱茵报》影印版

Neue Rheinische Zeitung. Organ der Demokratie

Karl Marx (Hrsg.)

Glashütten im Taunus: Verlag Detlev Auvermann KG

1973

卡尔·马克思主编：《新莱茵报·民主派机关报》。陶努斯山麓格拉希滕：德特列夫·奥弗曼出版社，1973年。

《新莱茵报·民主派机关报》（简称《新莱茵报》）是马克思主编的1848—1849年德国和欧洲无产阶级革命民主派的机关报。本藏品为民主德国在1973年出版的复刻版。46cm×32cm。2卷合计1718页。

清华大学图书馆 海外购买

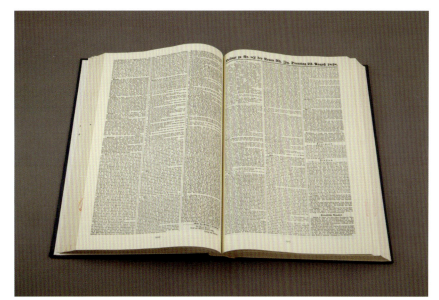

卢格主编《哈雷年鉴》影印版

马克思主义文献

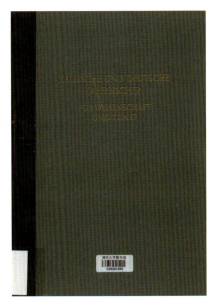

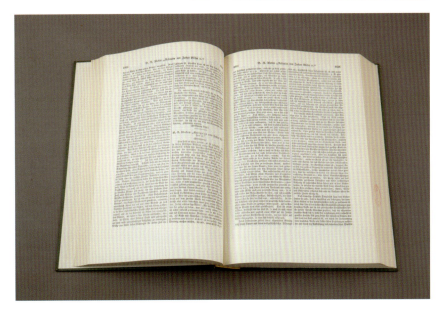

Hallische und deutsche Jahrbücher für Wissenschaft und Kunst (1838—1843)

A. Ruge (Hrsg.)

Glashütten im Taunus: Verlag Detlev Auvermann KG

1971

阿·卢格主编：《哈雷和德国科学和艺术年鉴（1838—1843年）》。陶努斯山麓格拉希滕：德特列夫·奥弗曼出版社，1971。

《哈雷德国科学和艺术年鉴》（简称《哈雷年鉴》）后改名为《德国科学和艺术年鉴》（简称《德国年鉴》），它是青年黑格尔派的代表人物之一阿诺德·卢格在1838—1843年主编的黑格尔左派刊物。本藏品为民主德国在1971年出版的复刻版。30cm × 22cm。

清华大学图书馆 海外购买

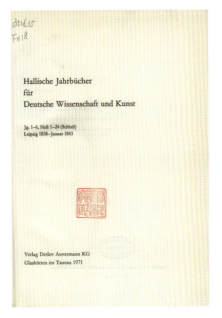

117

海尔维格编《来自瑞士的二十一印张》第一版

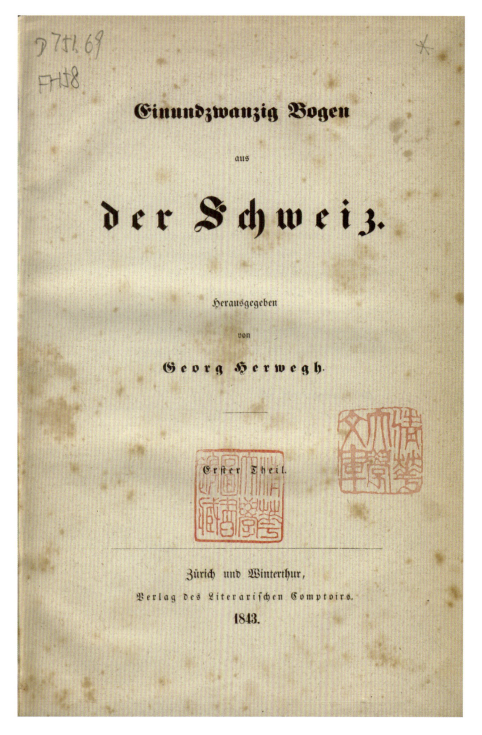

Einundzwanzig Bogen aus der Schweiz

Georg Herwegh (Hrsg.)
Zürich und Winterthur: Verlag des Literarischen Comptoirs
1843

格奥尔格·海尔维格编：《来自瑞士的二十一印张》。苏黎世和温特图尔：文学作品出版社，1843年。

《来自瑞士的二十一印张》是格奥尔格·海尔维格在1843年编的文集，收录了包括莫泽斯·赫斯在内的青年黑格尔派的进步文章，这些文章对于马克思恩格斯后来创立新世界观产生了启发作用。23cm×15cm。336页。

清华大学图书馆 海外购买

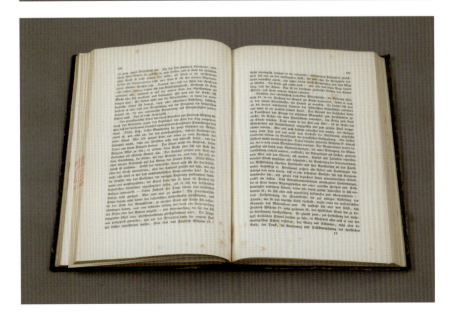

《共产党宣言》世界语版

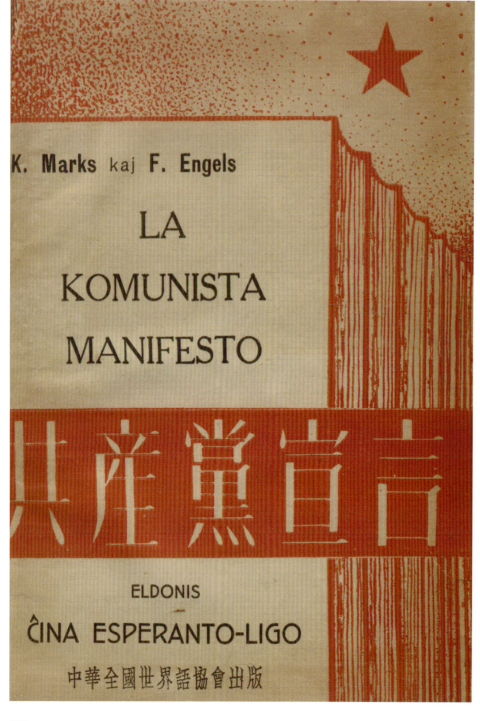

马克思主义文献

Karl Marx kaj Friedrich Engels: *La Komunista Manifesto*

Emil Pfeffer

Peking: Ĉina Esperanto-Ligo

卡尔·马克思、弗里德里希·恩格斯：《共产党宣言》。埃米尔·普费弗译。北京：中华全国世界语协会。

该版是世界语版《共产党宣言》。它是根据日本ナウカ社（日本科学社）1948年出版的"共产党宣言出版百年纪念版"校订翻译的。出版年不详。17cm×13cm。60页。

清华大学图书馆 旧藏

《哲学的贫困》英文版

THE
POVERTY OF PHILOSOPHY

BEING A TRANSLATION OF THE

MISÈRE DE LA PHILOSOPHIE

(A REPLY TO "LA PHILOSOPHIE DE LA MISÈRE" OF
M. PROUDHON).

BY

KARL MARX.

WITH A PREFACE BY

FRIEDRICH ENGELS.

Translated by H. Quelch.

London:
THE TWENTIETH CENTURY PRESS, LIMITED,
37A, CLERKENWELL GREEN, E.C.
1900.

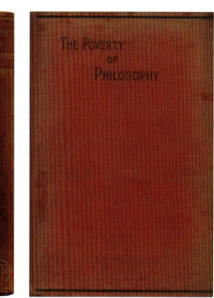
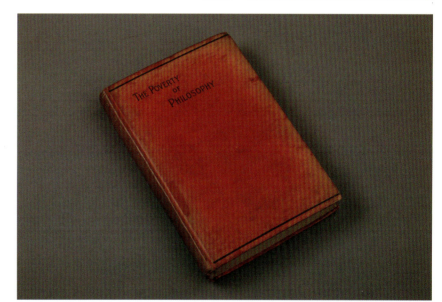

Karl Marx: *The Poverty of Philosophy*

H. Quelch (trans.)

London: The Twentieth Century Press

1900

卡尔·马克思：《哲学的贫困》，H. 奎尔奇译。伦敦：二十世纪出版社，1900年。

《哲学的贫困》是马克思在1847年批判法国学者普鲁东的论战性著作，它和《共产党宣言》一起，成为马克思公开宣布新世界观的重要文献，最初用法文写成。本藏品为法文版的英译本。19cm×13cm。195页。

清华大学图书馆 海外购买

《价值、价格和利润》英文版

VALUE, PRICE & PROFIT.

By KARL MARX.

ADDRESSED TO WORKING MEN.

LONDON:
THE TWENTIETH CENTURY PRESS, LIMITED
(TRADE UNION AND 48 HOURS),
37A and 38, Clerkenwell Green, London, E.C.
———
1908.

马克思主义文献

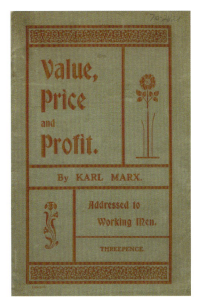

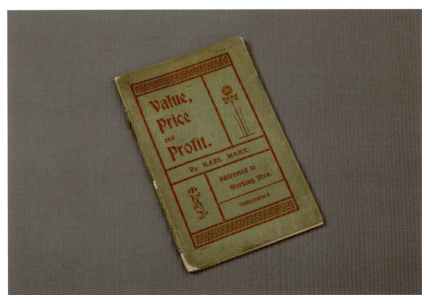

Karl Marx: *Value, Price and Profit*

London: The Twentieth Century Press

1908

卡尔·马克思：《价值、价格和利润》。伦敦：二十世纪出版社，1908年。

《价值、价格和利润》原为马克思1865年在国际工人协会总委员会会议上用英语所作的演讲，1898年由马克思的女儿爱琳娜以《价值、价格和利润》为题首次在伦敦发表，后来德文版改名为《工资、价格和利润》。本藏品为1908年的英文版。21cm×13cm。47页。

清华大学图书馆 海外购买

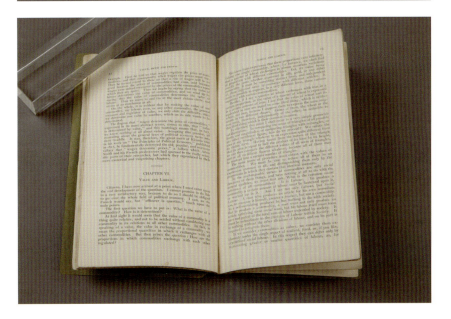

《雇佣劳动与资本》英文版

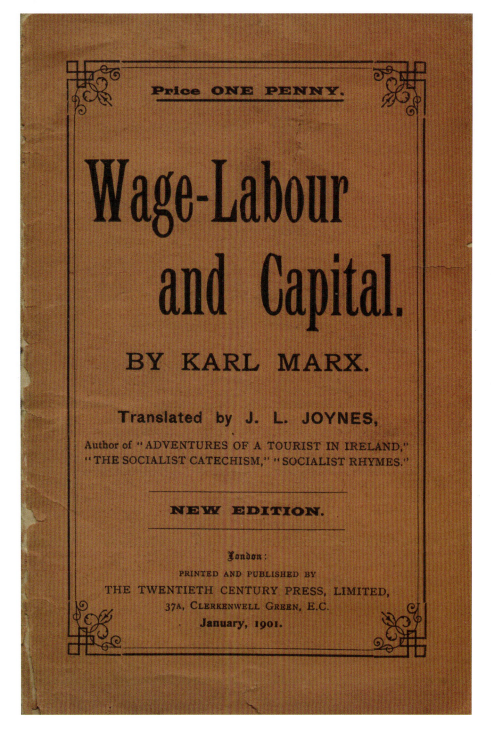

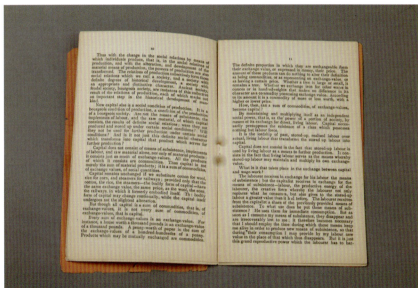

Karl Marx: *Wage-Labour and Capital*

J. L. Joynes (trans.)

London: The Twentieth Century Press

1901

卡尔·马克思:《雇佣劳动与资本》,J. L. 约尼斯译。伦敦:二十世纪出版社,1901年。

《雇佣劳动与资本》原为马克思19世纪40年代在《新莱茵报》上陆续发表的一系列社论,后结集出版。本藏品为1901年的英文版。18cm×12cm。24页。

清华大学图书馆 海外购买

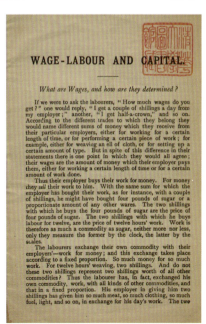

《反杜林论》德文版

Herrn Eugen Dühring's

Umwälzung der Wissenschaft

Von

Friedrich Engels

Dritte, durchgesehene und vermehrte Auflage

Stuttgart
Verlag von J. H. W. Dietz
1894

马克思主义文献

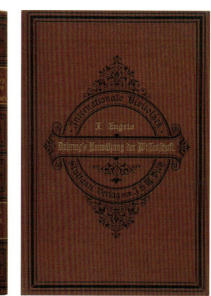
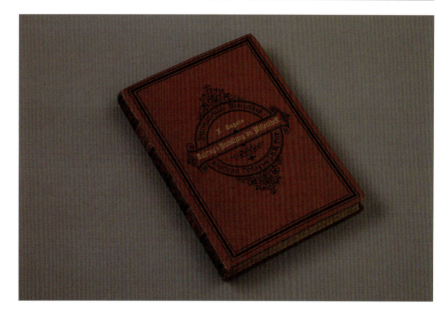

Friedrich Engels: *Herrn Eugen Dührings Umwälzung der Wissenschaft*

Stuttgart: Verlag von J. H. W. Dietz
1894

弗里德里希·恩格斯：《欧根·杜林先生在科学中实行的变革》。斯图加特：J. H. W. 狄茨出版社，1894年。

《欧根·杜林先生在科学中实行的变革》（简称《反杜林论》）是恩格斯对柏林大学讲师欧根·杜林的论战性著作。本藏品为1894年的德文版。19cm×14cm。354页。

清华大学图书馆 海外购买

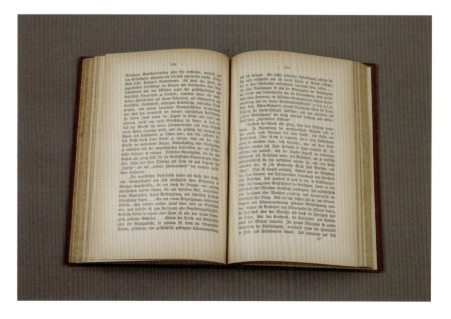

《英国工人阶级状况》英文版

THE CONDITION

OF THE

WORKING-CLASS IN ENGLAND

IN 1844

WITH PREFACE WRITTEN IN 1892

BY

FREDERICK ENGELS

TRANSLATED BY FLORENCE KELLEY WISCHNEWETZKY

LONDON
SWAN SONNENSCHEIN & CO.
PATERNOSTER SQUARE
1892

马克思主义文献

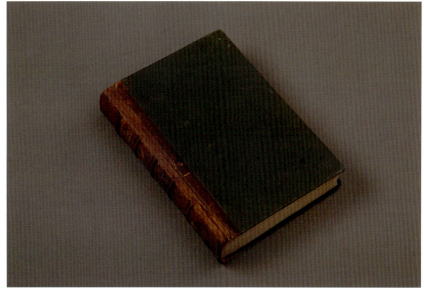

Friedrich Engels: *The Condition of the Working-Class in England*

F. K. Wischnewetzky (trans.)
London: Swan Sonnenschein & Co.
1892

弗里德里希·恩格斯：《英国工人阶级状况》，F. K. 维什内维茨基译。伦敦：斯旺·桑纳夏恩公司，1892年。

《英国工人阶级状况》是恩格斯1844年探索新历史观的早期著作，是19世纪40年代重要的社会主义文献。本藏品为1892年的英文版。18cm×13cm。298页。

清华大学图书馆 海外购买

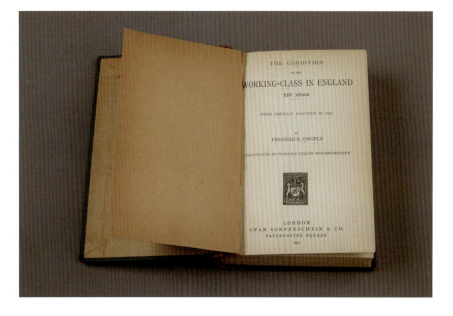

考茨基《卡尔·马克思的经济学说》第一版

马克思主义文献

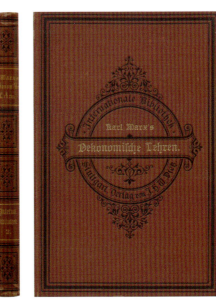

Karl Kautsky: *Karl Marx's Oekonomische Lehren*

Stuttgart: Verlag von J. H. W. Dietz 1887

卡尔·考茨基：《卡尔·马克思的经济学说》。斯图加特：J. H. W. 狄茨出版社，1887年。

《卡尔·马克思的经济学说》是德国社会民主党和第二国际的领导人卡尔·考茨基在1887年宣传阐释马克思经济学说的一部通俗著作。本藏品为1887年的德文第一版。19cm×13cm。259页。

清华大学图书馆 海外购买

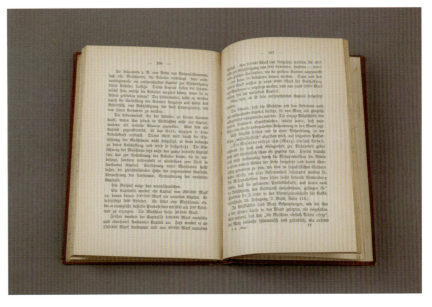

阿德勒、希法亭编《马克思研究》第一版

马克思主义文献

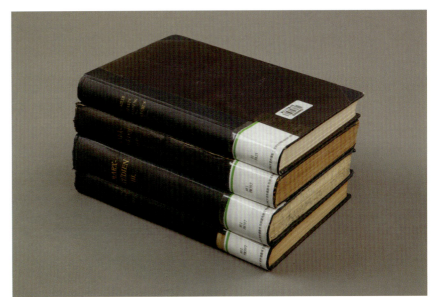

Marx-Studien, Bd. III-IV

Max Adler, Rudolf Hiferding (Hrsg.)

Wien: Verlag der Wiener Volksbuchhandlung

1910/1922

麦克斯·阿德勒,鲁道夫·希法亭编:《马克思研究》第三、四卷。维也纳:维也纳人民书店出版社,1910/1922年。

《马克思研究》是阿德勒和希法亭创办的马克思主义研究刊物,第三卷是希法亭1910年的《金融资本》;第四卷是阿德勒1922年的《马克思主义国家观》。

清华大学图书馆 服部文库

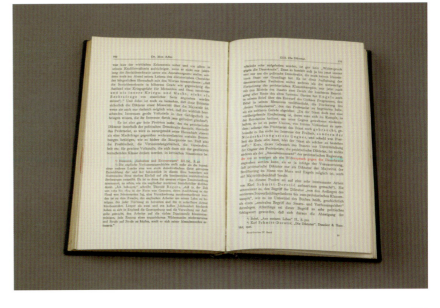

阿姆斯特丹国际社会史研究所编《国际社会史评论》

马克思主义文献

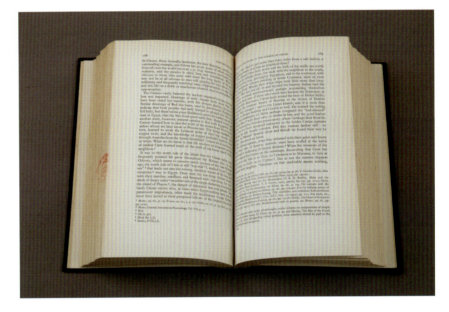
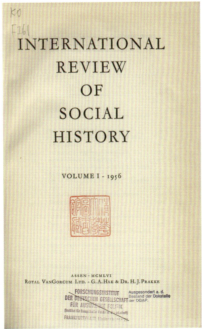
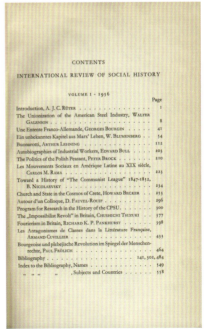

International Review of Social History.
Vol. 1-58

IISG (Hrsg.)

Assen: Royal VanGorcum Ltd

1956—2013

国际社会史研究所编：《国际社会史评论》，第1—58卷。阿森：皇家范高库姆公司，1956—2013年。

《国际社会史评论》是阿姆斯特丹国际社会史研究所编写的研究型文集。该研究所是世界著名的左翼文献和国际工人运动档案收藏和研究机构，收藏了现存于世的约三分之二的马克思恩格斯手稿。24cm × 16cm。

清华大学图书馆 海外购买

137

德国古典哲学

《康德全集》

德国古典哲学

Kant: *Kant's gesammelte Schriften*

Königlichen Preußischen Akademie der Wissenschaften / Deutschen Akademie der Wissenschaften

Berlin: Georg Reimer / Walter de Gruyter

1910—1980

康德：《康德全集》，普鲁士皇家科学院/德国科学院编。柏林：格奥尔格·莱莫出版社 / 德古意特出版社，1910—1980年。

伊曼努尔·康德（1724—1804），德国古典哲学创始人，西方哲学史上最具影响力的哲学大师之一。此版全集为普鲁士皇家科学院编辑，1902年开始在柏林陆续出版，是学术界通用的标准版，也称"科学院版"。全集分为著作、书信、遗稿、讲义四个部分，共计29卷。23cm × 14cm。

清华大学马克思恩格斯文献研究中心

《费希特全集》第一版

德国古典哲学

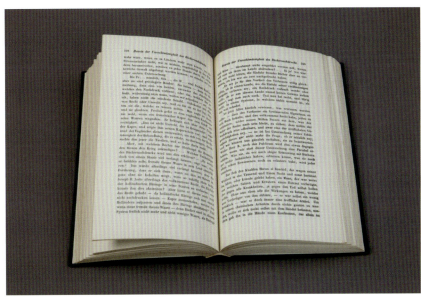

Fichte: *Fichte's nachgelassene Werke* / *Fichte's sämmtliche Werke*

J. H. Fichte (Hrsg.)

Bonn / Berlin: Udolph Marcus / Verlag von Veit und Comp

1834—1835/ 1845—1846

J. H. 费希特编：《费希特遗著集》/《费希特全集》。波恩/柏林：乌多尔普马库斯/维特出版公司，1834—1835年/1845—1846年。

费希特（1762—1814）是德国观念论的奠基人之一。该版《费希特全集》是最早的《费希特全集》，它由费希特的儿子J. H. 费希特出版，由8卷著作和3卷遗著两部分组成。著作部分分为理论哲学著作（1—2卷）；法学、伦理学以及宗教哲学著作（3—5卷）；通俗著作和杂文集（6—8卷）三个部分。本藏品为1962年和1965年的复刻版。22cm × 13cm。

清华大学马克思恩格斯文献研究中心

《黑格尔全集》友人版

德国古典哲学

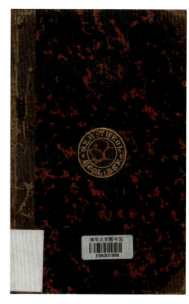

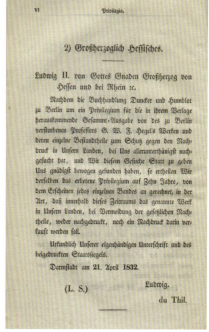

Hegel: *Georg Wilhelm Friedrich Hegel's Werke*

Philipp Marheineke, Johannes Schulz, Eduard Gans, Leopold Henning, Heinrich Hotho, Karl Michelet, Friedrich Förster (Hrsg.)

Berlin: Verlag von Duncker und Humblot

1832—1844

黑格尔著，马莱茵克、舒尔兹、甘斯、海宁、何佗、米希勒和弗尔斯特等编：《黑格尔全集》。柏林：邓克和亨布洛特出版社，1832—1844年。

该版《黑格尔全集》是黑格尔的学生和朋友在黑格尔去世后对其著作进行整理的版本，1832年开始出版，1845年完成。它是最早的《黑格尔全集》，其正卷有18卷，另有补卷与附卷3卷，共计21卷。21cm×14cm。

清华大学图书馆 海外购买

《黑格尔全集》百年纪念版

德国古典哲学

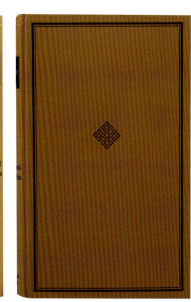
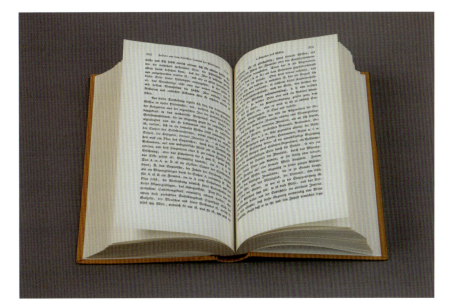

Hegel: *Georg Wilhelm Friedrich Hegel sämmtliche Werke*

Hermann Glockner (Hrsg.)

Stuttgart: Fr. Frommann

1949—1959

黑格尔著，格罗克纳编：《黑格尔全集》。斯图加特：弗里德里希·弗罗曼出版社，1949—1959年。

黑格尔（1770—1831）是德国观念论的奠基人之一。该版《黑格尔全集》是由格罗克纳编辑的百年纪念版全集，它是以1832—1844年友人版全集为底本的影印版，更正了友人版的部分讹误，但没有新增内容，共计22卷。21cm×13cm。

清华大学马克思恩格斯文献研究中心

《黑格尔全集》历史考证版

德国古典哲学

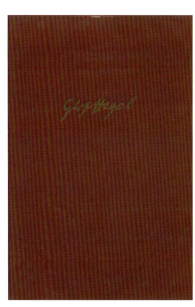

Hegel: *Georg Wilhelm Friedrich Hegel gesammelte Werke*

Nordrhein-Westfälischen Akademie der Wissenschaften

Hamburg: Felix Meiner

1968—

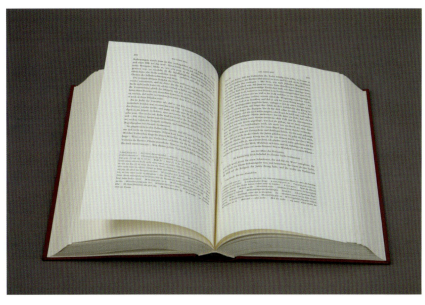

黑格尔著，北莱茵—威斯特伐伦州科学院编：《黑格尔全集》历史考证版。汉堡：费利克斯·迈纳出版社，1968年—。

这部全集是从1968年以来在波鸿鲁尔大学由黑格尔档案馆进行编撰的历史考证版《黑格尔全集》。它按照时间先后顺序计划收录黑格尔所有已知作品：已出版作品的不同版本、手稿、残稿、摘抄和笔记、讲义和听课笔记、私人书信以及官方书信。28cm × 19cm。

清华大学马克思恩格斯文献研究中心

《黑格尔研究》

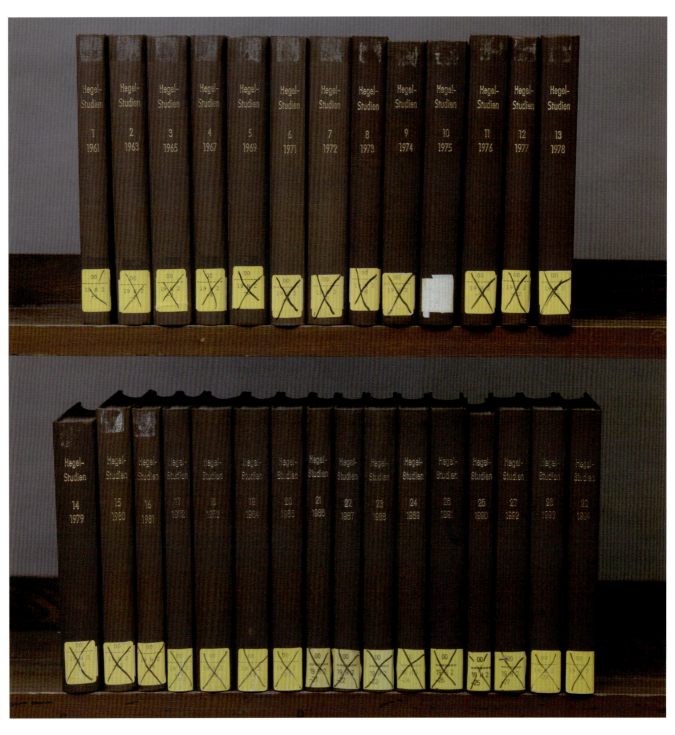

德国古典哲学

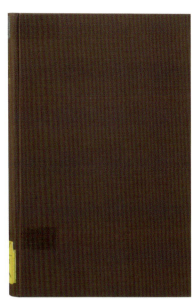
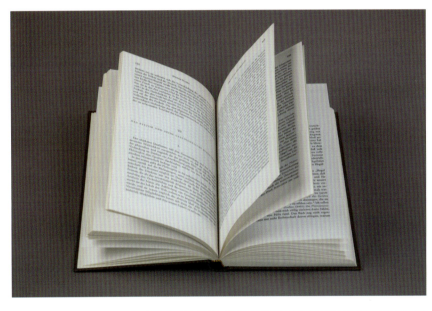

Hegel-Studien

Friedhelm Nicolin u. Otto Pöggeler / Walter Jaeschke u. Ludwig Siep / Michael Quante u. Birgit Sandkaulen (Hrsg.)

Bonn / Hamburg: Bouvier / Felix Meiner

1961—

尼科林和珀格勒/耶希克和希普/昆特和珊特考伦主编：《黑格尔研究》。波恩/汉堡：布维尔出版社/费利克斯·迈纳出版社，1961年— 。

《黑格尔研究》是由波鸿鲁尔大学黑格尔档案馆于1961年创立的刊物，是目前国际上黑格尔研究领域最为权威的刊物之一。它的首要任务是配合历史考证版《黑格尔全集》的出版工作，与《黑格尔研究·副刊》（*Hegel-Studien Beiheft*）相互补充。24cm × 15cm。

清华大学马克思恩格斯文献研究中心

《费尔巴哈全集》第一版

Ludwig Feuerbach: *Ludwig Feuerbach's sämmtliche Werke*

Ludwig Feuerbach

Leipzig: Verlag von Otto Wigand

1846—1866

路德维希·费尔巴哈：《费尔巴哈全集》。比锡：奥托·维干德出版社，1846—1866年。

费尔巴哈（1804—1872），德国哲学家，对马克思早期思想的转变产生过很大的影响。该版《费尔巴哈全集》由费尔巴哈本人修订，共10卷，是最早的《费尔巴哈全集》。出版时费尔巴哈对其已出版的作品进行过修改和补充。21cm × 14cm。

清华大学图书馆 服部文库

黑格尔主编《科学批判年鉴》

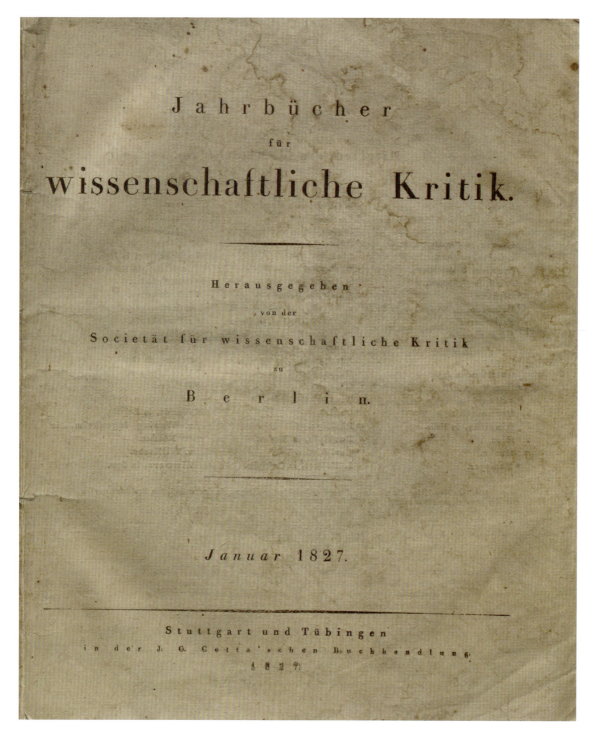

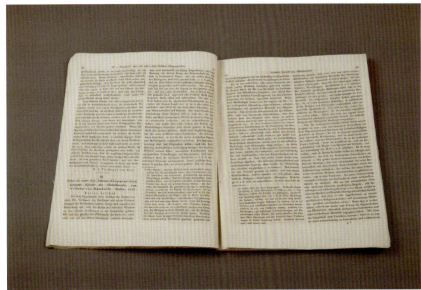

Jahrbücher für wissenschaftliche Kritik

Societät für wissenschaftliche Kritik zu Berlin

Stuttgart und Tübingen: J. G. Cotta'schen Buchhandlung

1827

柏林科学批判社编:《科学批判年鉴》。斯图加特和图宾根:J. G. 科塔书店,1827年。

《科学批判年鉴》是柏林科学批判社的机关刊物。第一期于1827年1月面世。黑格尔主持这个刊物直至去世为止。他也在该刊上发表过许多重要的论文。26cm × 21cm。159页。

清华大学图书馆 海外购买

康德《法的形而上学原理》第一版

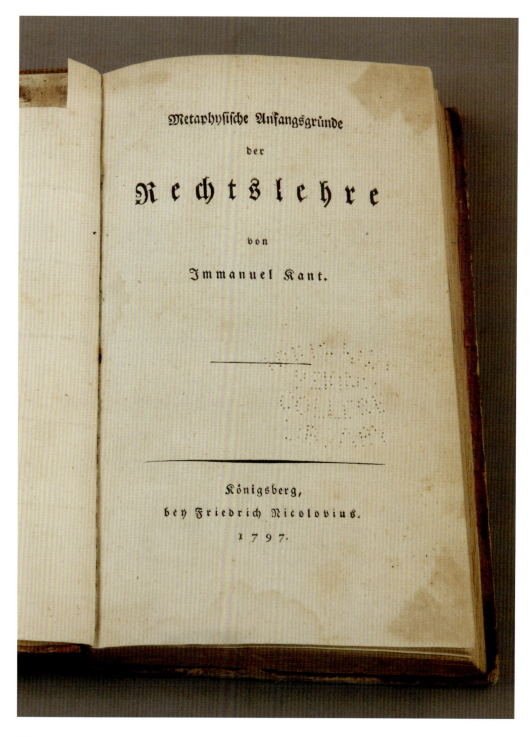

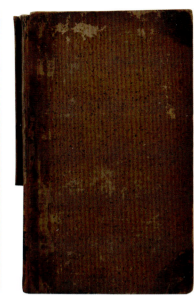

Immanuel Kant: *Metaphysische Anfangsgruende der Rechtslehre*

Königsberg: Friedrich Nicolovius
1797

伊曼努尔·康德：《法的形而上学原理》。柯尼斯堡：弗里德里希·尼古洛维乌斯，1797年。

该书是德国哲学家康德创作的法哲学著作，1797年首次出版。康德从序言、道德形而上学总导言、道德形而上学总分类和权利科学四个部分阐述了他的法哲学思想。本藏品是新中国成立前清华大学收藏的外文善本。20cm × 12cm。235页。

清华大学图书馆 旧藏

黑格尔《费希特与谢林哲学体系的差别》第一版

Differenz
des
Fichte'schen und Schelling'schen
Systems der Philosophie
in
Beziehung auf Reinhold's Beyträge zur leichtern
Übersicht des Zustands der Philosophie zu Anfang
des neunzehnten Jahrhunderts, 1stes Heft

von

Georg Wilhelm Friedrich Hegel
der Weltweisheit Doktor.

Jena,
in der akademischen Buchhandlung
bey Seidler
1801.

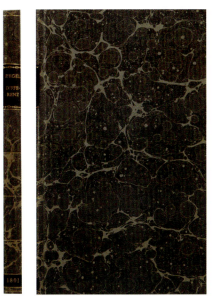

Georg Wilhelm Friedrich Hegel:
Differenz des Fichte'schen und Schelling'schen Syftems der Philofophie

Jena: akademischen Buchhandlung bey Seidler

1801

格奥尔格·威廉·弗里德里希·黑格尔：《费希特与谢林哲学体系的差别》。耶拿：塞德勒学术书店，1801年。

《费希特与谢林哲学体系的差别》第一版，极为罕见。该书是黑格尔的第一部哲学著作，它分析了谢林哲学与费希特哲学的根本区别。19cm×12cm。184页。

清华大学图书馆 海外购买

黑格尔《信仰与知识》第一版

德国古典哲学

Georg Wilhelm Friedrich Hegel:
Glauben und Wissen, oder die Reflexionsphilosphie der Subjectiviat, in der Vollständigkeit ihrer Formen, als Kantische, Jacobische, und Fichtesche Philosophie

Tübingen: J. G. Cottaschen Buchhandlung

1802

格奥尔格·威廉·弗里德里希·黑格尔：《信仰与知识，或者以康德哲学、雅科比哲学与费希特哲学形式出现的形式完整的主体性的反思哲学》。图宾根：J. G. 科塔书店，1802年。

《信仰与知识》于1802年7月发表于谢林和黑格尔主编的《哲学批判杂志》上。在这篇论著中，黑格尔系统地考察了当时流行的主体性反思哲学的基本特征，分析了信仰与知识分裂的原因与后果。20cm×12cm。188页。

清华大学图书馆 海外购买

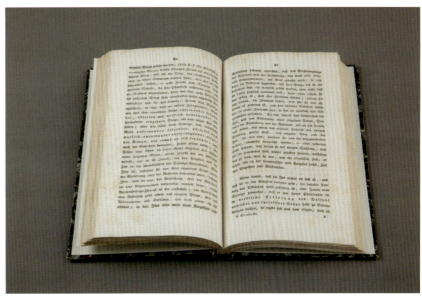

黑格尔《精神现象学》第一版

System

der

Wissenschaft

von

Ge. Wilh. Fr. Hegel,

D. u. Professor der Philosophie zu Jena, der Herzogl.
Mineralog. Societät daselbst Assefsor und andrer
gelehrten Gesellschaften Mitglied.

Erster Theil,

die

Phänomenologie des Geistes.

Bamberg und Würzburg,
bey Joseph Anton Goebhardt,
1807.

Georg Wilhelm Friedrich Hegel: *System der Wissenschaft. Erster Theil, die Phänomenologie des Geistes*

Bamberg und Würzburg: Joseph Anton Goebhardt

1807

格奥尔格·威廉·弗里德里希·黑格尔：《科学的体系·第一部分：精神现象学》。班贝格和维尔茨堡：约瑟夫·安东·戈布哈特，1807年。

本藏品为《精神现象学》第一版。这本书最初命名为《意识经验的科学》。1807年初，黑格尔正式将其更名为《科学的体系·第一部分：精神现象学》。《精神现象学》被马克思称之为"黑格尔哲学的真正诞生地"。20cm×12cm。765页。

清华大学图书馆 海外购买

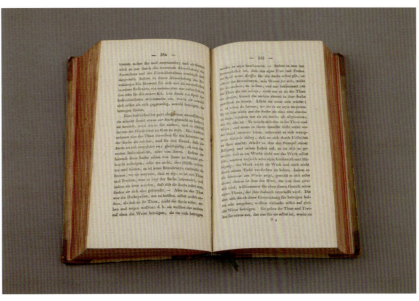

黑格尔《逻辑学》第一版

Wissenschaft der Logik.

Von

D. Ge. Wilh. Friedr. Hegel,

Professor und Rector am Königl. Bayerischen Gymnasium zu Nürnberg.

Erster Band.

Die objective Logik.

Nürnberg,
bey Johann Leonhard Schrag
1812.

德国古典哲学

Georg Wilhelm Friedrich Hegel:
Wissenshaft der Logik

Nürnberg: Johann Leonhard Schrag
1812—1816

格奥尔格·威廉·弗里德里希·黑格尔：《逻辑学》。纽伦堡：约翰·莱昂哈德·施拉格，1812—1816年。

该藏品是《逻辑学》第一版，分为"客观逻辑"和"主观逻辑"上下两卷。第一卷出版于1812年，包括"存在论"和"本质论"。第二卷出版于1816年，包括"概念论"。本书在黑格尔《逻辑学》研究史上具有特殊的价值。20cm×12cm。第一卷616页，第二卷403页。

清华大学图书馆 海外购买

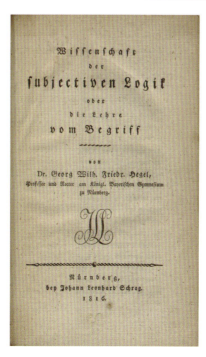
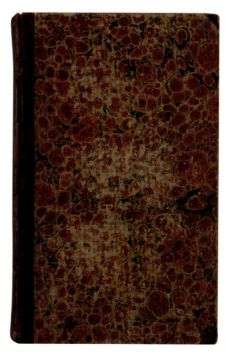

黑格尔《哲学科学全书纲要》第一版

Encyklopädie

der

philosophischen Wissenschaften

im Grundrisse.

Zum Gebrauch seiner Vorlesungen

von

D. Georg Wilhelm Friedrich Hegel,

Professor der Philosophie an der Universität
zu Heidelberg.

Heidelberg,
in August Oßwald's Universitätsbuchhandlung.
1817.

Georg Wilhelm Friedrich Hegel:
Encyklopädie der philosophischen Wissenschaften im Grundrisse

Heidelberg: August Oswald's Universitätsbuchhandlung
1817

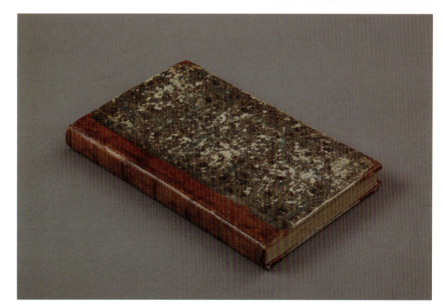

格奥尔格·威廉·弗里德里希·黑格尔：《哲学科学全书纲要》。海德堡：奥古斯·瓦尔德大学书店，1817年

《哲学科学全书纲要》1817年版，是黑格尔在海德堡大学讲授哲学课时的自用教科书。该书分为三部分：逻辑哲学、自然哲学和精神哲学，以纲要形式全面阐发了黑格尔的哲学体系。同时，该书是黑格尔生前唯一出版过三个版本的著作。20cm×12cm。288页。

清华大学图书馆 海外购买

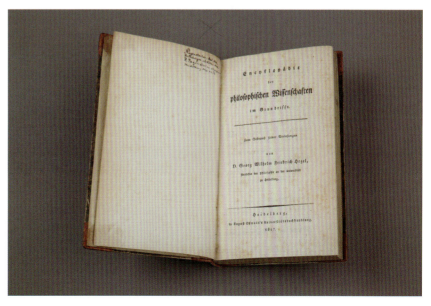

黑格尔《法哲学原理》第一版

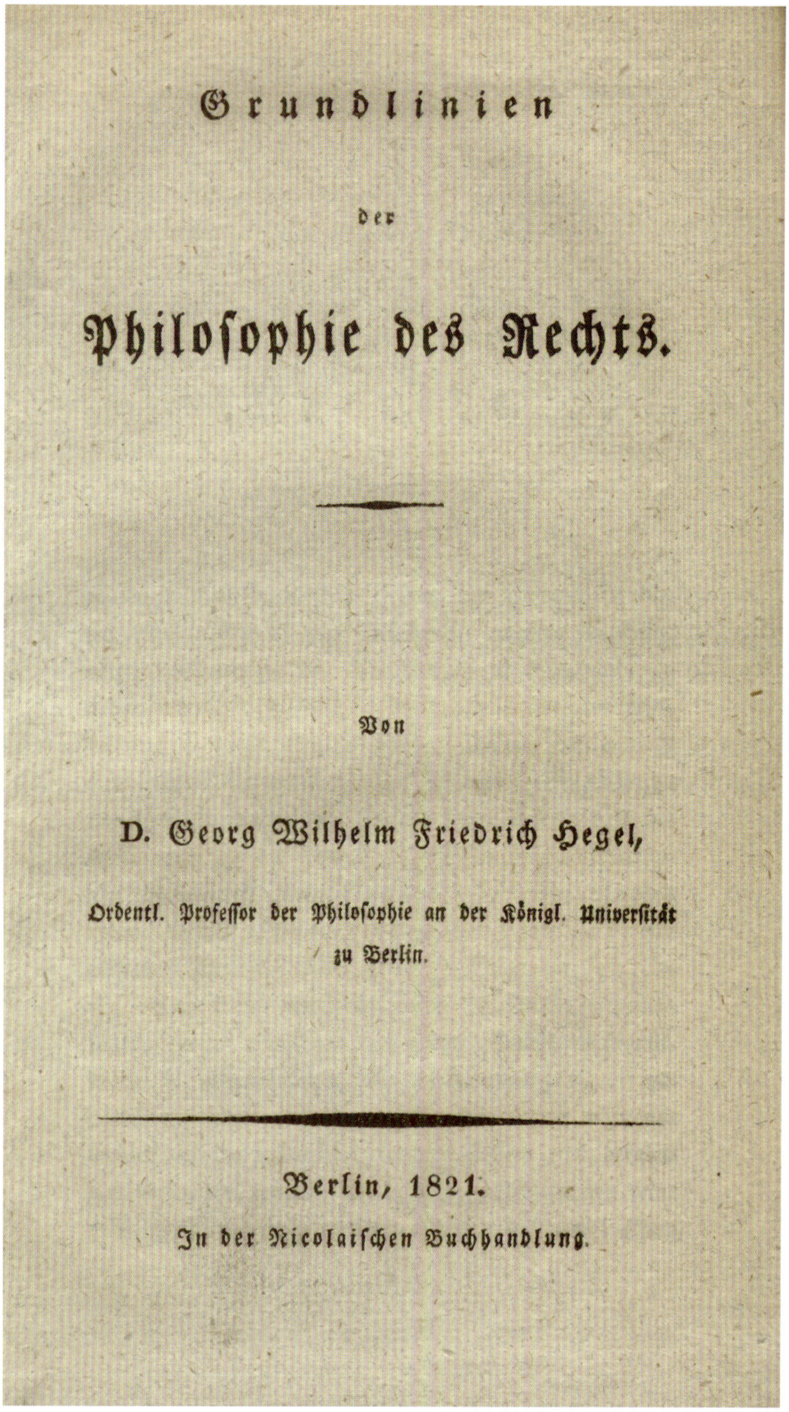

Grundlinien

der

Philosophie des Rechts.

Von

D. Georg Wilhelm Friedrich Hegel,

Ordentl. Professor der Philosophie an der Königl. Universität zu Berlin.

Berlin, 1821.

In der Nicolaischen Buchhandlung.

德国古典哲学

Georg Wilhelm Friedrich Hegel:
Grundlinien der Philosophie des Rechts

Berlin: Nicolaischen Buchhandlung

1821

格奥尔格·威廉·弗里德里希·黑格尔：《法哲学原理》。柏林：尼古拉书店，1821年。

本藏品为《法哲学原理》第一版，虽然其扉页上标注为1821年，但实际上1820年10月就已经出版了。它是黑格尔在柏林大学第二次讲授"法哲学"的讲稿，分为"抽象法""道德"和"伦理"三个部分。20cm × 12cm。355页。

清华大学图书馆 海外购买

黑格尔《哲学史讲演录》第一版

Georg Wilhelm Friedrich Hegel's

Vorlesungen

über die

Geschichte der Philosophie.

Herausgegeben
von
D. Karl Ludwig Michelet.

Zweiter Band.

Οὐ χρὴ δὲ κατὰ τοὺς παραινοῦντας ἀνθρώπινα
φρονεῖν ἄνθρωπον ὄντα οὐδὲ θνητὰ τὸν θνη-
τόν, ἀλλ' ἐφ' ὅσον ἐνδέχεται ἀπαθανατίζειν.
Aristoteles.

Mit Königl. Würtembergischem, Großherzogl. Hessischem und der freien Stadt
Frankfurt Privilegium gegen den Nachdruck und Nachdrucks-Verkauf.

Berlin, 1833.
Verlag von Duncker und Humblot.

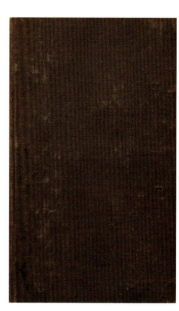

Georg Wilhelm Friedrich Hegel:
Vorlesungen über die Geschichte der Philosophie

D. Karl Ludwig Michelet (Hrsg.)

Berlin: Verlag von Duncker und Humblot

1833—1836

格奥尔格·威廉·弗里德里希·黑格尔著,卡尔·路德维希·米希勒编:《哲学史讲演录》。柏林:邓克和亨布洛特出版社,1833—1836年。

该版《哲学史讲演录》是由米希勒对黑格尔耶拿、海德堡和柏林时期的关于哲学史的演讲手稿和提纲以及学生笔记整理和编纂而成。因此,它也被称为"米希勒第一版本",共分成三卷,是最早的《哲学史讲演录》。21cm × 13cm。

清华大学图书馆 海外购买

格律恩编《费尔巴哈的书信和遗稿及其哲学特征的发展》

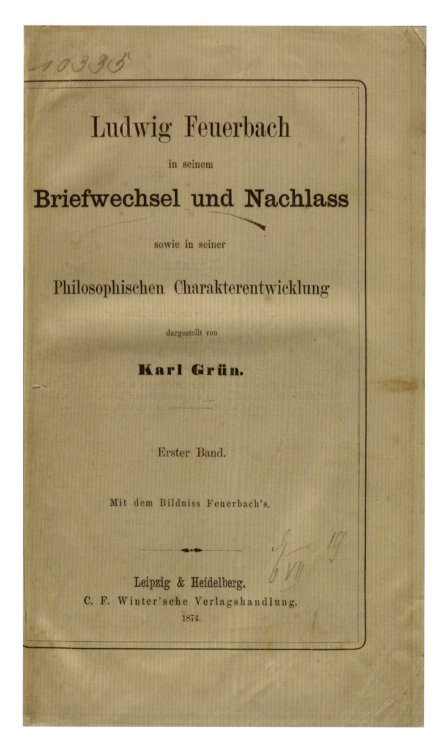

德国古典哲学

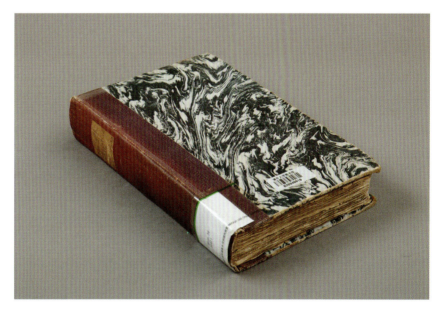

Ludwig Feuerbach in seinem Briefwechsel und Nachlass sowie in seiner Philosophischen Charakterentwicklung

Karl Grün (Hrsg.)

Leipzig & Heidelberg: C. F. Winter'sche Verlagshandlung

1874

卡尔·格律恩编：《费尔巴哈的书信和遗稿及其哲学特征的发展》。莱比锡和海德堡：C. F. 温特出版社，1874年。

该书由卡尔·格律恩于1874年编辑出版，共2卷。格律恩为该书撰写了一个导论，回顾了费尔巴哈的一生及其哲学的发展，并分五个时期收录了费尔巴哈和他人的通信，以及费尔巴哈的遗稿。24cm×16cm。333页。

清华大学图书馆 服部文库

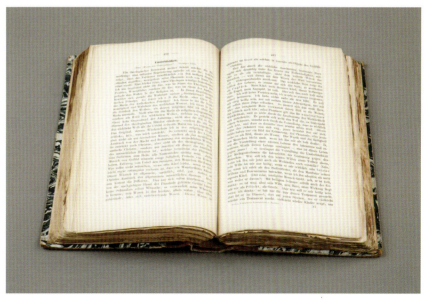

卢格编《德国现代哲学和政论界轶文集》第一版

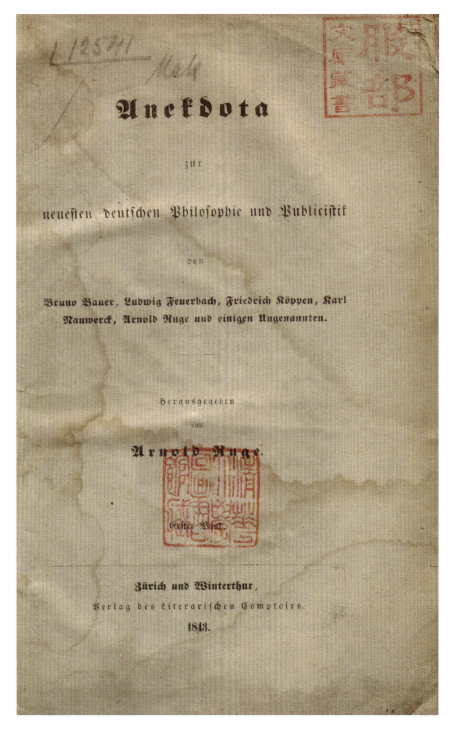

德国古典哲学

Anekdota zur neuesten deutschen Philosophie und Publicistik

Arnold Ruge (Hrsg.)

Zürich und Winterthur: Verlag des literarischen Comptoirs

1843

阿尔诺德·卢格编：《德国现代哲学和政论界轶文集》。苏黎世和温特图尔：文学会出版社，1843年。

《德国现代哲学和政论界轶文集》，作者卢格为青年黑格尔派代表人物，该书出版于1843年，在世界上极为罕见。22cm × 15cm。320页。

清华大学图书馆 服部文库

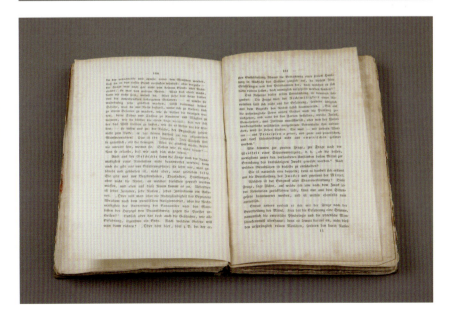

西方人文社科经典

霍布斯《关于政府和社会的哲学原理》

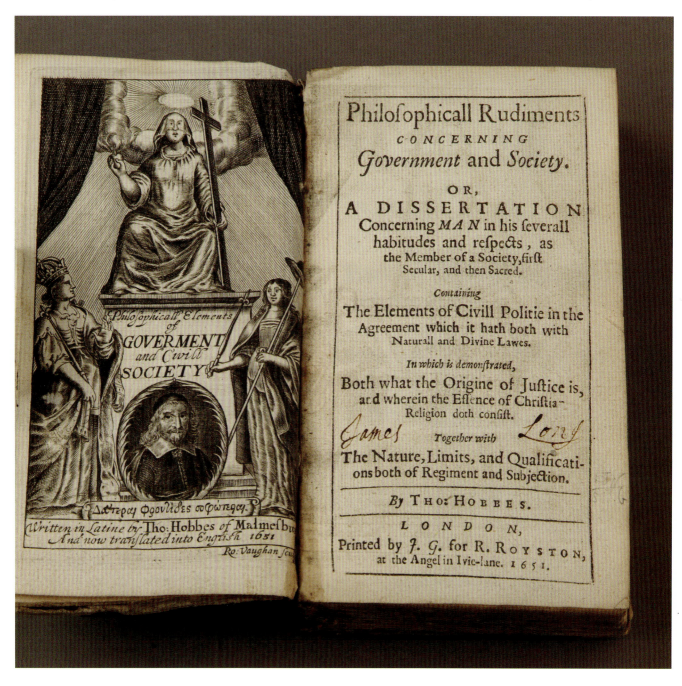

西方人文社科经典

Thomas Hobbes: *Philofophicall Rudiments concerning Government and Society*

London: R. Royston

1651

托马斯·霍布斯：《关于政府和社会的哲学原理》。伦敦：理·罗伊斯顿出版社，1651年。

托马斯·霍布斯（1588—1679），英国著名政治家、哲学家。本英译本的底本为1642年出版的、以拉丁文写成的《论公民》。本书共有三个部分十八章和三个附录。15cm×9cm。363页。

清华大学图书馆 旧藏

《孟德斯鸠片段集》

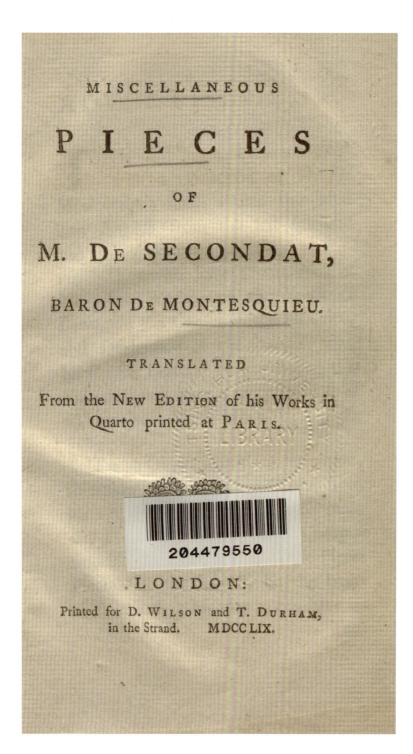

西方人文社科经典

Miscellaneous Pieces of M. de Secondat, Baron de Montesquieu

London: D. Wilson and T. Durham
1759

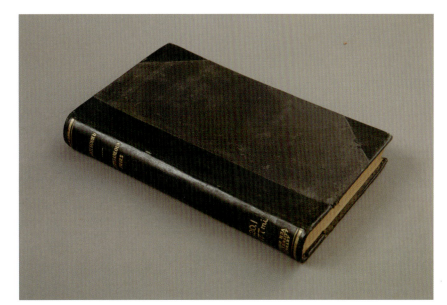

《孟德斯鸠片段集》。伦敦：D. 威尔逊和T. 达勒姆出版社，1759年。

孟德斯鸠（1689—1755），18世纪法国启蒙时代的著名思想家。本书以1758年出版的法文版《孟德斯鸠全集》（三卷本）为底稿，从中选取了《对论法的精神的辩护》《十一封新的波斯人信札》和《论趣味》等篇章汇集成册。21cm × 13cm。334页。

清华大学图书馆 旧藏

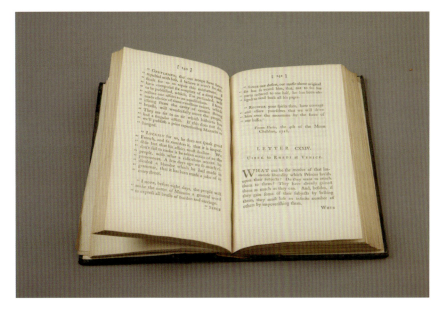

177

《卢梭全集》

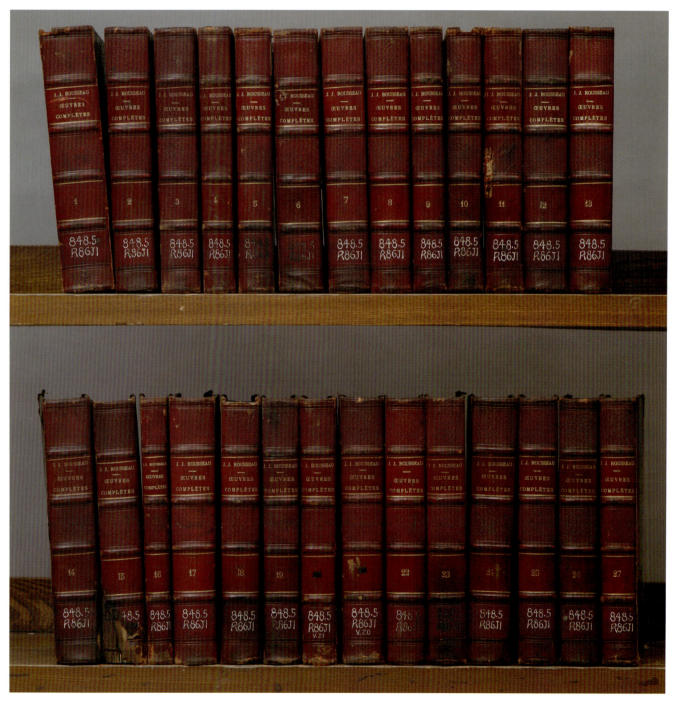

西方人文社科经典

Œuvres Complètes de J. J. Rousseau

Paris: Chez Dalibon, Libraire

1824—1825

《卢梭全集》。巴黎：达利本出版社，1824—1825年。

卢梭（1712—1788），法国伟大的启蒙思想家、哲学家、教育家、文学家，启蒙运动的代表人物之一。全集中包括《论人类不平等的起源和基础》《社会契约论》《爱弥儿》《忏悔录》《新爱洛伊丝》《植物学通信》等重要著作。22cm×15cm。

清华大学图书馆 旧藏

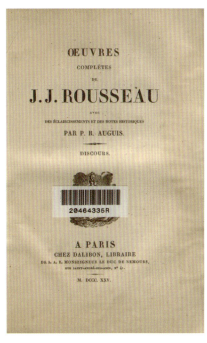
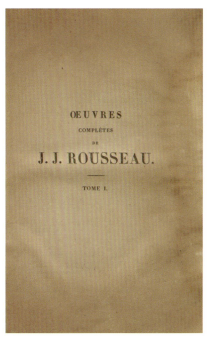

施泰因《政治学体系》

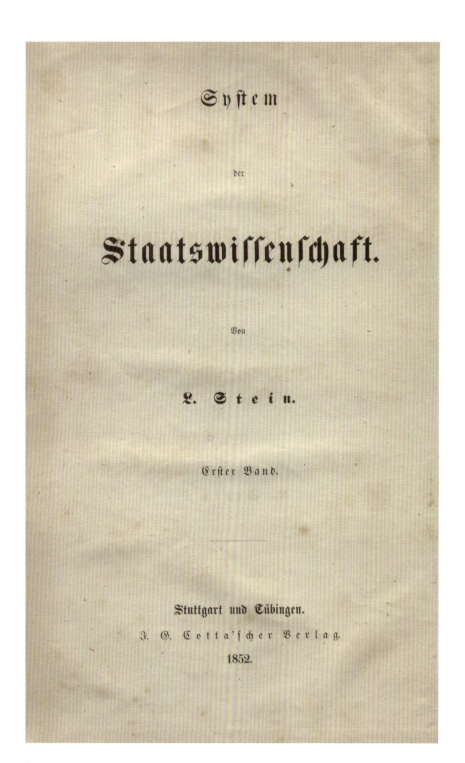

西方人文社科经典

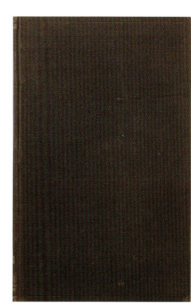

Lorenz von Stein: *System der Staatswissenschaft*

Stuttgard, Tübingen und Augsburg: I. G. Cotta'scher Verlag

1852 — 1856

洛伦茨·冯·施泰因：《政治学体系》。斯图加特、图宾根和奥格斯堡：I. G. 科塔出版社，1852—1856年。

洛伦茨·冯·施泰因（1815—1890），德国社会哲学家，经济学家，新历史学派代表，被誉为德国社会学思想的先驱。《政治学体系》一书为19世纪末德国的社会立法提供了思想基础。22cm × 14cm。第一卷564页；第二卷431页。

清华大学图书馆 旧藏

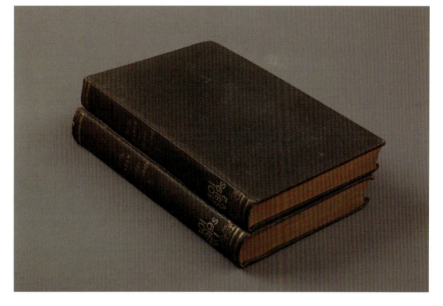

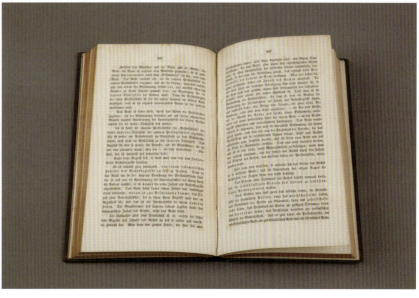

施泰因《1789年以来法国社会运动史》

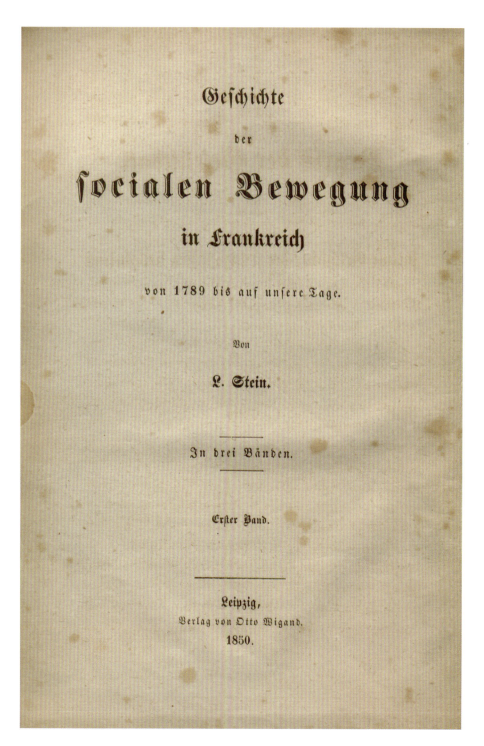

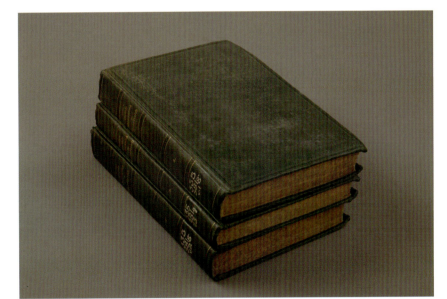

Lorenz von Stein: *Geschichte der socialen Bewegung in Frankreich von 1789 bis auf unsere Tage*

Leipzig: Verlag von Otto Wigand

1850

洛伦茨·冯·施泰因：《1789年以来法国社会运动史》，莱比锡：奥托·维干德出版社，1850年。

该书的早期版本曾对青年马克思的共产主义和社会主义认识产生过影响。22cm×15cm。

清华大学图书馆 旧藏

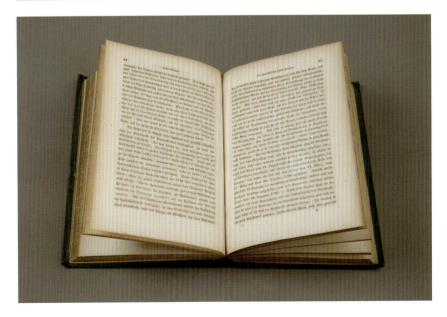

《约翰·洛克全集》

 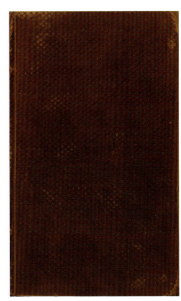

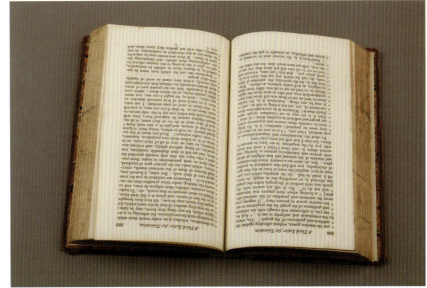

The Works of John Locke

London: C. Baldwin Printer

1824

《约翰·洛克全集》。伦敦：C. 鲍尔温出版社，1824年。

约翰·洛克（1632—1704），英国哲学家。该版全集共有9卷，主要包括洛克的经典著作《政府论》《人类理解论》《关于教育的思想》《教育漫话》《圣经中体现出来的基督教的合理性》等。22cm × 14cm。

清华大学图书馆 旧藏

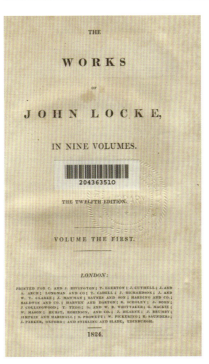 

洛克《人类理解论》

AN ESSAY

CONCERNING

HUMAN UNDERSTANDING.

BY JOHN LOCKE, GENT.

WITH THE

NOTES AND ILLUSTRATIONS OF THE AUTHOR,

AND

AN ANALYSIS OF HIS DOCTRINE OF IDEAS.

THIRTIETH EDITION,
CAREFULLY REVISED, AND COMPARED WITH THE BEST COPIES.

COMPLETE IN ONE VOLUME.

LONDON:
PRINTED FOR THOMAS TEGG, 73, CHEAPSIDE.

MDCCCXLVI.

西方人文社科经典

John Locke, Gent.: *An Essay Concerning Human Understanding*

London: Thomas Tegg
1846

约翰·洛克:《人类理解论》。伦敦:托马斯·特格出版社,1846年。

《人类理解论》是洛克关于经验论的哲学著作,首次出版于1690年,清华大学还藏有该书的1894年版和1924年版。23cm × 15cm。566页。

清华大学图书馆 旧藏

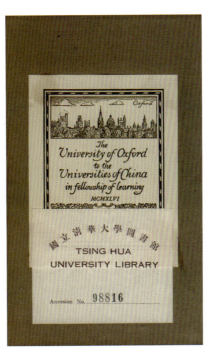

穆勒《演绎和归纳的逻辑体系》

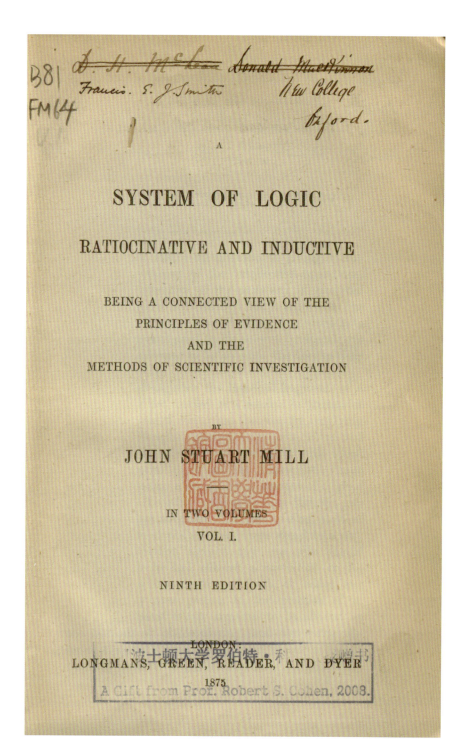

西方人文社科经典

John Stuart Mill: *A System of Logic, Ratiocinative and Inductive.*

London: Longmans, Green, Reader, and Dyer.
1875

约翰·斯图亚特·穆勒：《演绎和归纳的逻辑体系》。伦敦：朗文、格林、里德和戴尔出版社，1875年。

约翰·斯图亚特·穆勒（1806—1873），英国经济学家、哲学家。穆勒前后历时42年，将洛克、贝克莱、休谟一脉相承的经验主义应用于逻辑学领域，特别是归纳逻辑。本书为两卷本。19cm×13cm。第一卷563页，第二卷557页。

清华大学图书馆 科恩文库

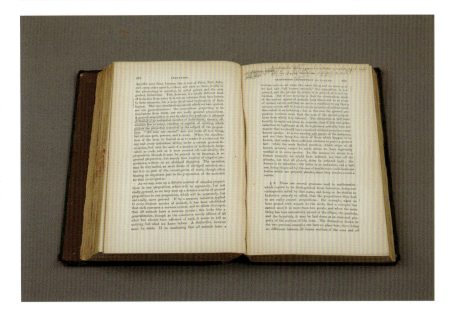

边沁《为高利贷辩护》

DEFENCE OF USURY;
SHEWING THE IMPOLICY OF THE
PRESENT LEGAL RESTRAINTS
ON THE TERMS OF
PECUNIARY BARGAINS;
IN
Letters to a Friend.
TO WHICH IS ADDED,
A LETTER
TO
ADAM SMITH, Esq. LL.D.
ON THE DISCOURAGEMENTS OPPOSED BY THE ABOVE
RESTRAINTS TO THE PROGRESS OF
INVENTIVE INDUSTRY.

THE THIRD EDITION.

AND TO WHICH IS ALSO ADDED,
SECOND EDITION,
A PROTEST AGAINST LAW TAXES.

By JEREMY BENTHAM, Esq.
OF LINCOLN'S INN.

LONDON:
PRINTED FOR PAYNE AND FOSS, PALL-MALL.
1816.

西方人文社科经典

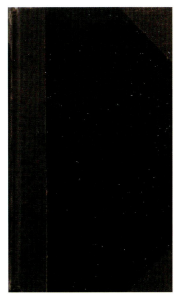
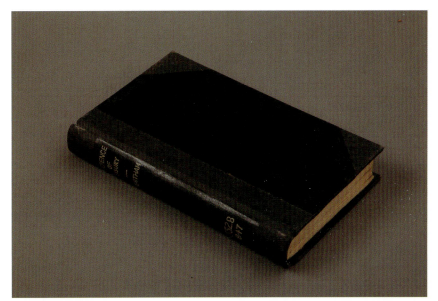

Jeremy Bentham: *Defence of Usury*

London: Payne and Foss Pall-Mall. 1816

杰里米·边沁：《为高利贷辩护》。伦敦：佩恩和福斯培美尔出版社，1816年。

杰里米·边沁（1748—1832），英国功利主义学派创始人。该书首次发表于1787年，是边沁居住在俄国时以书信体裁完成的短论集。18cm×11cm。206页。

清华大学图书馆 旧藏

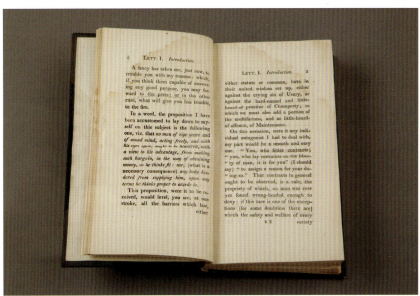

《詹姆士·斯图亚特作品集》

 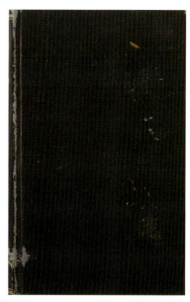

Sir James Steuart of Coltness, Bart:
The Works, Political, Metaphisical, and Chronological of the Late Sir James Steuart of Coltness, Bart

General Sir James Steuart, Bart

London: T. Cadell and W. Davies, Strand

1805

小詹姆士·斯图亚特:《已故詹姆士·斯图亚特爵士作品集:政治学、形而上学和年表》。伦敦:T. 卡德尔和W. 戴维斯出版社,1805年。

詹姆士·斯图亚特(1712—1780),英国经济学家,重商主义后期代表人物。《詹姆士·斯图亚特作品集》为6卷本,由作者之子收集编纂。22cm×14cm。

清华大学图书馆 旧藏

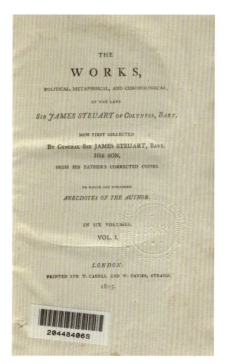 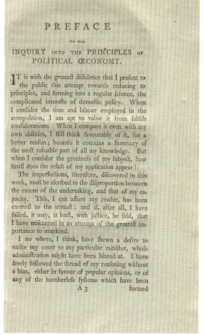

萨伊《实用政治经济学全教程》

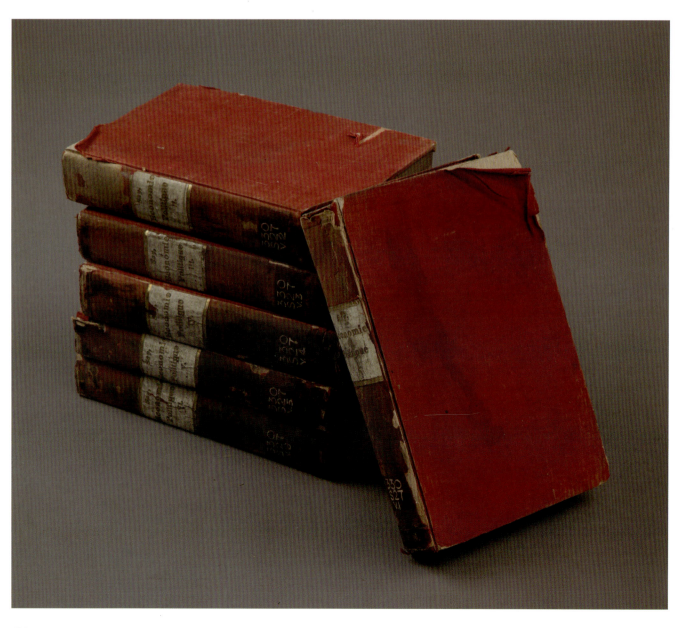

西方人文社科经典

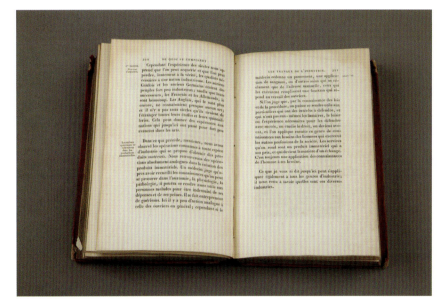

Jean-Baptiste Say: *Cours Complet D'Économie Politique Pratique*

Paris: Chez Rapilly Libraire. 1828—1829

让—巴蒂斯特·萨伊：《实用政治经济学全教程》，巴黎：哈耶比出版社，1828—1829年。

让—巴蒂斯特·萨伊（1767—1832），法国经济学家，是斯密经济学体系的通俗化及其在法国的代言人。1816年起萨伊先后在法国阿森尼大学和工艺学院讲授政治经济学，他把讲稿整理为《实用政治经济学全教程》，共6卷。20cm×14cm。

清华大学图书馆 旧藏

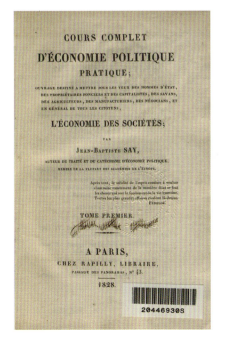
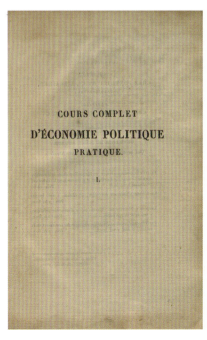

麦克库洛赫《政治经济学原理》

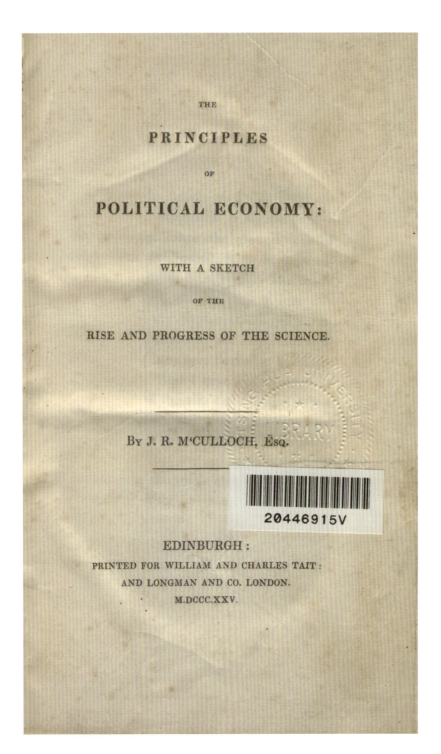

西方人文社科经典

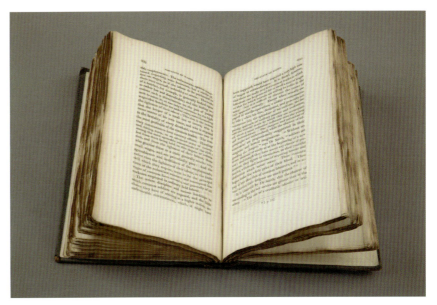

J. R. M'Culloch: *The Principles of Political Economy: with a Sketch of the Rise and Progress of the Science*

Edinburgh: William and Charles Tait
1825 / 1843

麦克库洛赫:《政治经济学原理:这门科学产生和发展的概述》。爱丁堡:威廉和查尔斯·泰特出版社,1825 / 1843年。

约翰·雷姆赛·麦克库洛赫(1789—1864),英国经济学家,本是李嘉图的忠实追随者,但1825年本书的出版彻底瓦解了李嘉图学说体系的基础,宣告了学派的解体。清华大学藏有该书1825年第一版和1843年第二版。23cm×14cm / 24cm×15cm。423页。

清华大学图书馆 旧藏

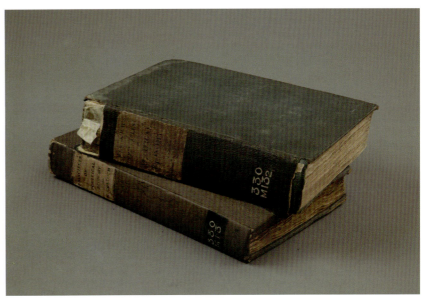

《李嘉图文集》

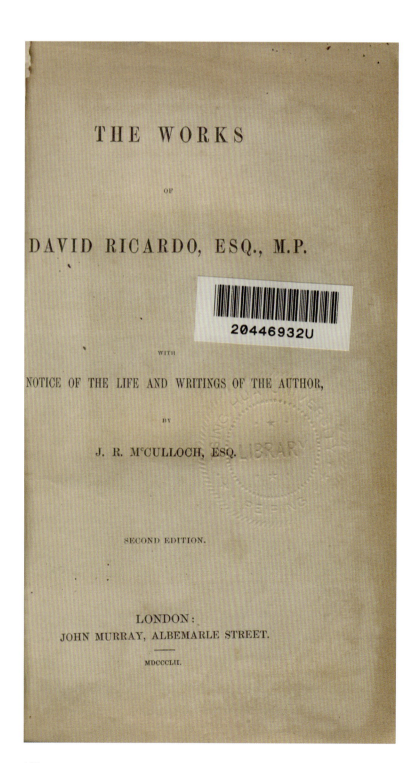

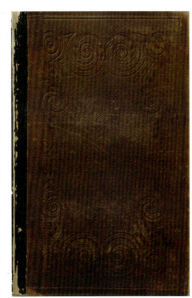
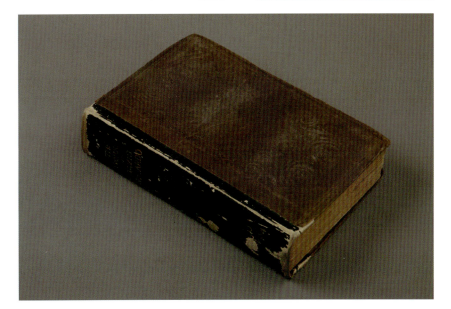

The Works of David Ricardo, ESQ., M.P.

London: John Murray

1852

《大卫·李嘉图文集》。伦敦：约翰·莫里出版社，1852年。

大卫·李嘉图（1772—1823），英国古典政治经济学代表人物。该文集中包含李嘉图于1817年完成的《政治经济学及赋税原理》。23cm × 14cm。584页。

清华大学图书馆 旧藏

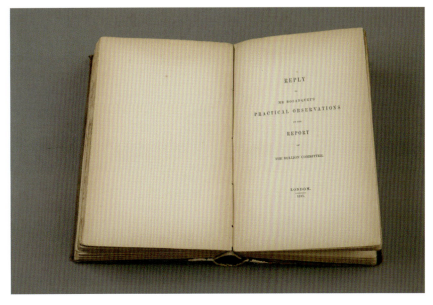

杜林《国民经济学和社会主义批判史》

Dr. E. Dühring: *Kritische Geschichte der Nationalökonomie und des Socialismus*

Berlin: Verlag von Theobald Grieben. 1871

欧·杜林：《国民经济学和社会主义批判史》。柏林：特奥巴登·格里本出版社，1871年。

欧根·杜林（1833—1921），德国哲学家、庸俗经济学家，即恩格斯《反杜林论》（1876—1878）的批判对象。清华大学收藏了《反杜林论》所涉及的大部分杜林著作。本书共有10个章节。清华大学还藏有该书的1875年、1879年版本。22cm×14cm。591页。

清华大学图书馆 旧藏

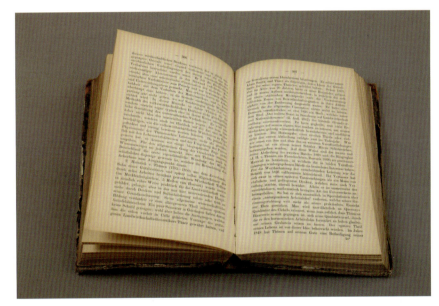

杜林《国民经济学和社会经济学教程》

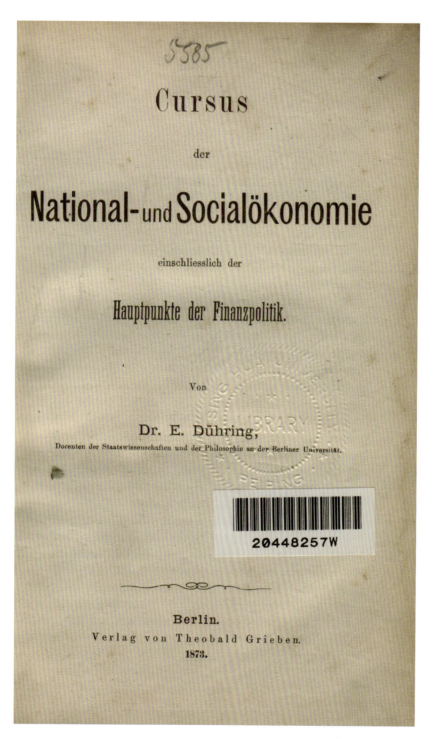

Dr. E. Dühring: *Cursus der National- und Socialökonomie einschliesslich der Hauptpunkte der Finanzpolitik*

Berlin: Verlag von Theobald Grieben.
1873

欧·杜林：《国民经济学和社会经济学教程》。柏林：特奥巴登·格里本出版社，1873年。

《国民经济学和社会经济学教程》共分八个章节，是杜林系统阐述自己政治经济学理论的代表作，是恩格斯主要批评的对象。清华大学还藏有该书1876年版和1892年版。22cm×14cm。563页。

清华大学图书馆 旧藏

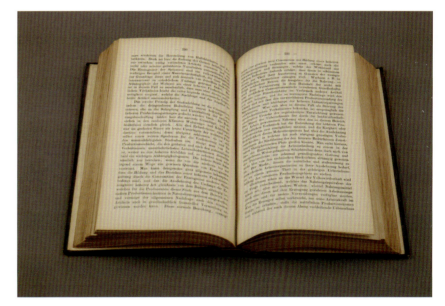

杜林《哲学教程》

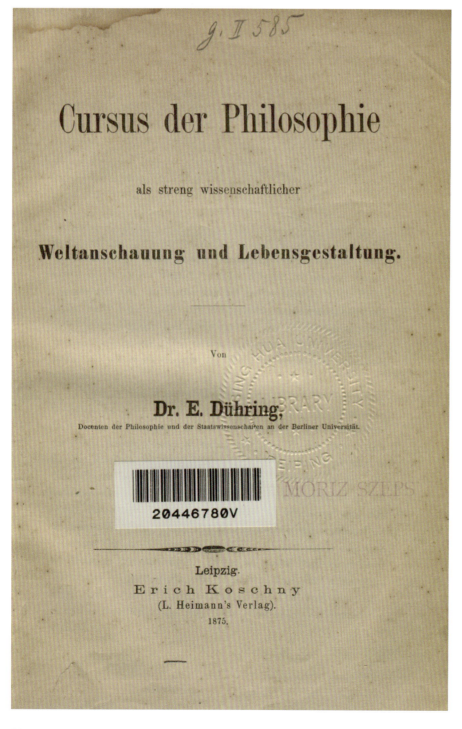

Dr. E. Dühring: *Cursus der Philosophie als streng wissenschaftlicher Weltanschauung und Lebensgestaltung.*

Leipzig: Erich Koschny.

1875

欧·杜林：《哲学教程——严格科学的世界观和生命形成》。莱比锡：埃里希·科什尼出版社，1875年。

《哲学教程——严格科学的世界观和生命形成》共有三大部门，杜林在其中详细展开了自己对哲学史的理解，该书是恩格斯《反杜林论》的主要批判对象。22cm×14cm。559页。

清华大学图书馆 旧藏

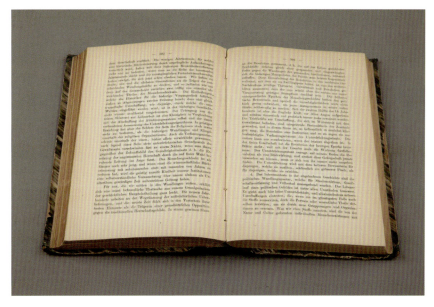

杜林《力学一般原理的批判史》

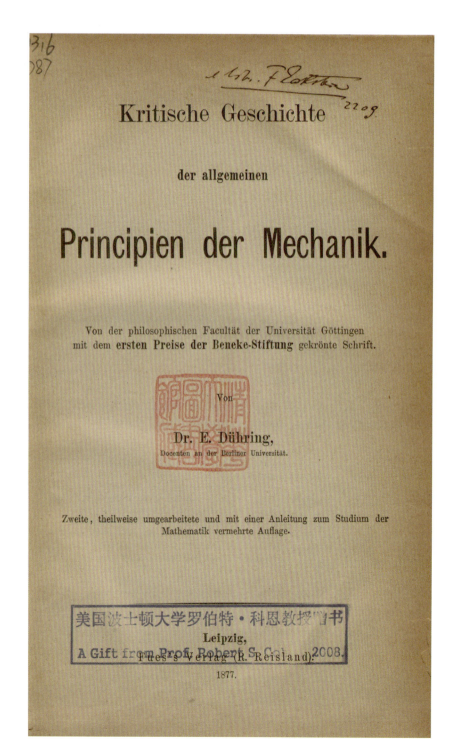

西方人文社科经典

Dr. E. Dühring: *Kritische Geschichte der allgemeinen Principien der Mechanik.*

Leipzig: Fues's Verlag

1877

欧·杜林：《力学一般原理的批判史》。莱比锡：福斯出版社，1877年。

该书共有四个部分十八章，系统论述了杜林本人对力学原理的认识和反思，是恩格斯的批判对象。22cm × 14cm。562页。

清华大学图书馆 科恩文库

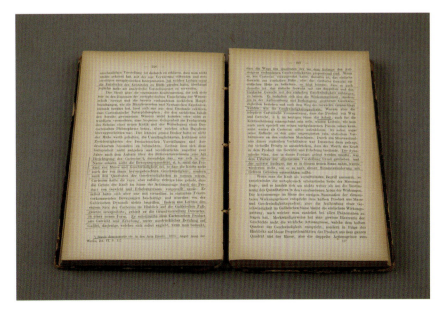

阿德勒《马克思对现存国民经济的批判论据》

Die Grundlagen
der
Karl Marx'schen Kritik
der
bestehenden Volkswirtschaft.

Kritische und ökonomisch-litterarische Studien

von

Dr. Georg Adler,
Docent der Nationalökonomie und Finanzwissenschaft
an der Universität Freiburg.

Tübingen 1887.
Verlag der H. Laupp'schen Buchhandlung.

Georg Adler: *Die Grundlagen der Karl Marx'schen Kritik der bestehenden Volkswirtschaft.*

Tübingen: Verlag von Laupp'schen Buchhandlung

1887

格奥尔格·阿德勒：《卡尔·马克思对现存国民经济的批判论据》。图宾根：劳普书店出版社，1887年。

格奥尔格·阿德勒（1863—1908），德国经济学家和经济史学家，该书是他关于社会主义思想的代表作。22cm×14cm。294页。

清华大学图书馆 海外购买

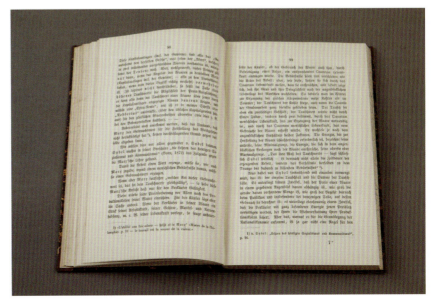

《蒲鲁东全集》

ŒUVRES COMPLÈTES
DE
P.-J. PROUDHON

NOUVELLE ÉDITION

publiée avec des Notes et des Documents inédits

sous la direction de

MM. C. BOUGLÉ & H. MOYSSET

Candidature à la pension Suard

De la Célébration du Dimanche

Qu'est-ce que la Propriété?

Introduction et Notes
de MICHEL AUGÉ-LARIBÉ

PARIS
LIBRAIRIE DES SCIENCES POLITIQUES ET SOCIALES
MARCEL RIVIÈRE
31, rue Jacob et rue Saint-Benoît, 1
1926

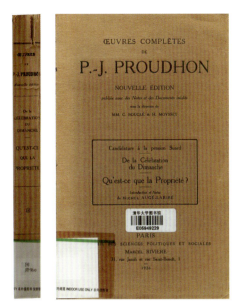

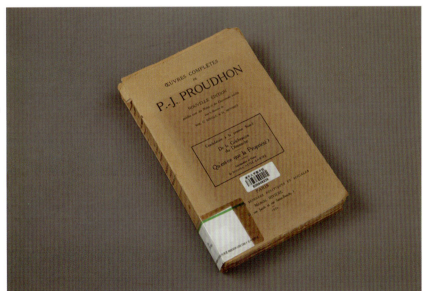

Œuvres Complètes de P.-J. Proudhon.

Paris: Marcel, Rivière.

1926

《蒲鲁东全集》。巴黎：马塞尔，里维埃拉出版社，1926年。

蒲鲁东（1809—1865），法国无政府主义之父，是马克思《哲学的贫困》一书的批判对象。该全集中包含了《什么是所有权》等著作。23cm×14cm。367页。

清华大学图书馆 服部文库

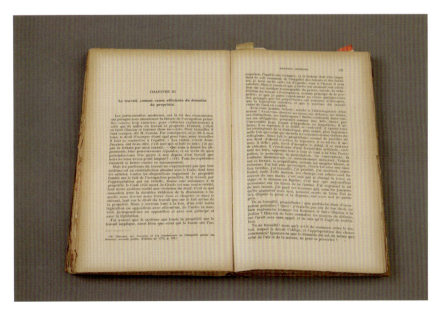

布哈林《历史唯物主义理论》

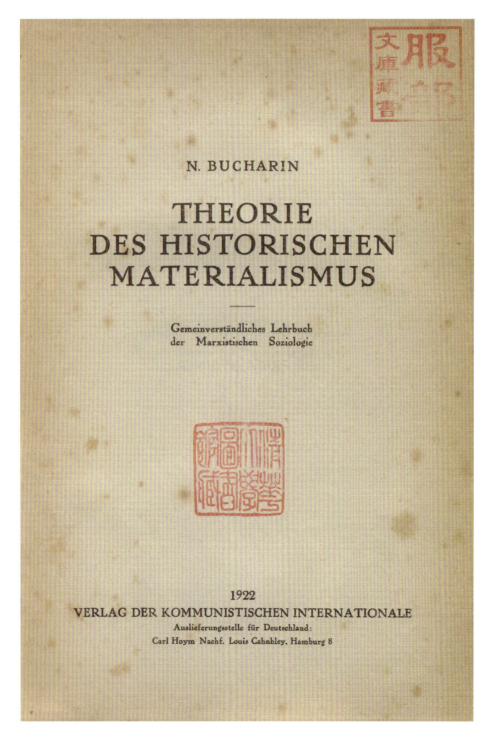

N. Bucharin: *Theorie des Historischen Materialismus.*

Frida Rubiner

Hamburg: Verlag der Kommunistischen Internationale (Auslieferungsstelle für Deutschland).

1922

尼·布哈林：《历史唯物主义理论》，弗里达·鲁宾纳译。汉堡：共产国际出版社（德国发行部），1922年。

尼古拉·伊万诺维奇·布哈林（1888—1938），苏联政治理论家、革命家、思想家、经济学家。《历史唯物主义理论》是布哈林在1921年用俄文完成的，原书还有一个副标题："马克思主义社会学通俗教材"。23cm×16cm。372页。

清华大学图书馆 服部文库

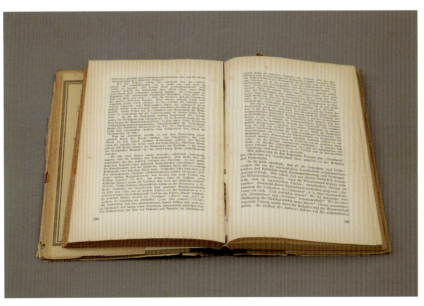

布哈林等《共产主义ABC》

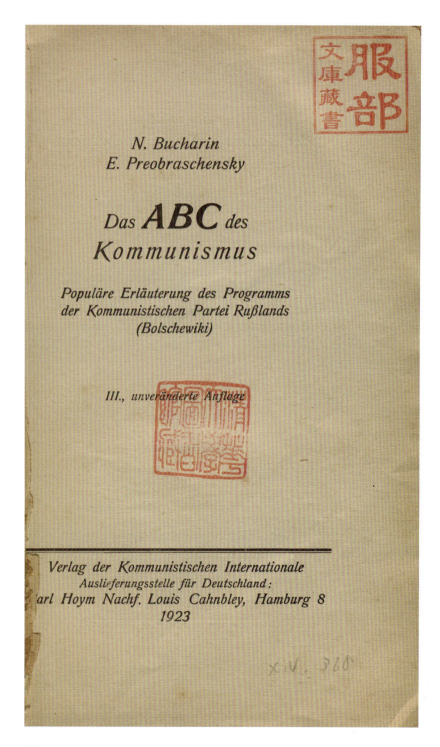

N. Bucharin, E. Preobraschensky: *Das ABC des Kommunismus.*

Hamburg: Verlag der Kommunistischen Internationale (Auslieferungsstelle für Deutschland).
1923

布哈林、普列奥布拉任斯基：《共产主义ABC》。汉堡：共产国际出版社（德国发行部），1923年。

《共产主义ABC》是布哈林和普列奥布拉任斯基为配合1919年俄共（布）八大通过的新党纲的宣传和进行系统的共产主义基本理论教育而合写的通俗读物。叶夫根尼·阿列克谢耶维奇·普列奥布拉任斯基（1886—1937），苏联经济学家、政治家。该书最初于1919年10月出版，包括一个前言和党纲的理论、党纲的实践两部分。22cm×15cm。368页。

清华大学图书馆 服部文库

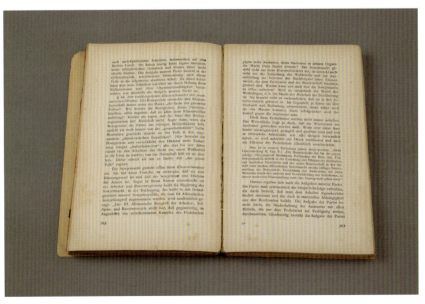

日本马克思主义文献

日本马克思主义文献简介

作为世界上最早向中国传播马克思主义的国家，日本长期走在马克思主义文献编译和理论研究的前列。日本马克思主义作为一个独立的马克思主义流派，在世界马克思主义研究中占有一席之地。2008年以来，清华大学陆续接受了来自日本的马克思恩格斯文献的重要捐赠，这些捐赠的文献构成了清华大学"服部文库"和"马克思恩格斯文献中心文库"的重要基础，其中含有大量的日文文献。这些日文文献包括两个方面：一是日本学者对马克思恩格斯原文文献的编译；二是日本学者对马克思主义理论的研究。

日本学者很重视吸收外来文化，在对所有的马克思主义经典文献翻译方面，日本几乎都是世界上最快的国家。譬如，日本对《德意志意识形态》"费尔巴哈"章（1927年译）和《1844年经济学哲学手稿》（1932年译）的译本竟然能跟原文版同年出版。他们对马克思恩格斯文献的翻译质量也精益求精，如高木幸二郎等翻译的《政治经济学批判大纲》（1958—1965年）和久留间鲛造编译的《马克思政治经济学辞书》（1968—1985年）就有"名译"之称。而日本学者对《马克思资本论手稿集》（1978—1994年）的翻译注释几乎是对MEGA②有关卷次的《附属材料卷》的完全翻译，这在世界上是极为罕见的。清华大学收录了大部分马克思恩格斯著作的重要日译本，其中包括清华大学"服部文库"的捐赠者服部文男翻译的《共产党宣言》日译本。

日本学者对马克思主义的研究也取得了举世瞩目的成果。特别是在马克思早期思想和"青年黑格尔派"研究、马克思中期的《政治经济学批判大纲》和晚期的《资本论》研究、《马克思恩格斯全集》历史考证版（MEGA②）的编辑和研究领域出现了一批世界级的学者，诞生了"宇野经济学"、"大冢史学"、"市民社会论"（高岛善哉、内田义彦、平田清明等）、"望月史学"、"市民社会派马克思主义"和"广松哲学"等研究成果。清华大学不仅收藏了河上肇、堺利彦、三木清、大内兵卫、山田盛太郎、服部之总、小林昇、大冢金之助、大河内一男、服部英太郎、大冢久雄、宇野弘藏、见田石介、广松涉等人的全集或者著作集，而且也收藏了20世纪60年代以后日本马克思主义的代表人物内田义彦、城冢登、岩崎允胤、高岛善哉、藤野涉、良知力、畑孝一、山中隆次、佐藤金三郎、花崎皋平、杉原四郎、平田清明、望月清司、山之内靖、山田锐夫、内田弘等人的著作。此外，清华大学"服部文库"中还有大量的日本马克思主义系列期刊，"马克思恩格斯文献研究中心文库"几乎完整收藏了日本学界专门研究MEGA的《马克思·恩格斯·马克思主义研究》杂志。

我们知道，我国早期的马克思主义传播受日本影响极大，研究我国马克思主义传播史离不开日本马克思主义文献的支撑，清华大学对日本马克思主义的系统收藏无疑可为这类研究提供有力支持。

《德意志意识形态》古在由重日译本

マルクス、エンゲルス：ドイツ・イデオロギー

古在由重訳

東京：岩波書店

1956年

马克思，恩格斯：《德意志意识形态》，古在由重译。东京：岩波书店，1956年。

古在由重（1901—1990），日本哲学家，原名古屋大学教授，原日本共产党党员。古在译本为日本较早的《德意志意识形态》"费尔巴哈"章译本。15cm×11cm。281页。

清华大学马克思恩格斯文献研究中心

《政治经济学批判大纲（1857—1858年经济学手稿）》高木幸二郎日译本

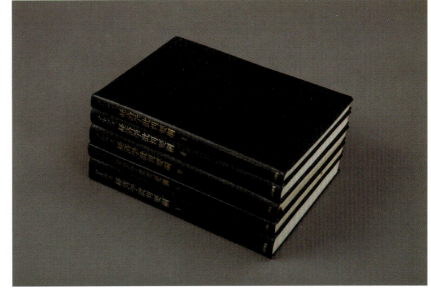

マルクス：経済学批判要綱

高木幸二郎監訳

東京：大月書店

1958—1965年

马克思：《政治经济学批判大纲》，高木幸二郎监译。东京：大月书店，1958—1965年。

由高木幸二郎监译的5卷本《政治经济学批判大纲》是日本最早的《政治经济学批判大纲》的全译本。在1953年德文版《政治经济学批判大纲》修订版出版以后，以经济学家高木幸二郎为首的12名学者对其进行了翻译，耗时近10年，因其质量上乘被称为"名译"。22cm×16cm。

清华大学马克思恩格斯文献研究中心

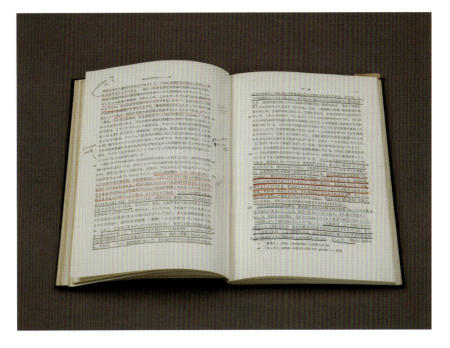

久留间鲛造编《马克思政治经济学辞书》

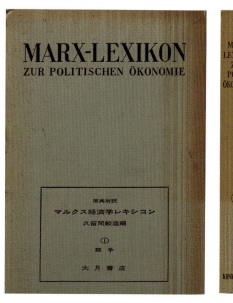

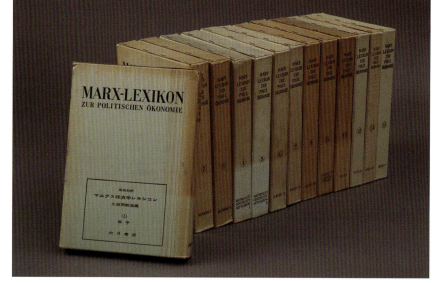

Marx-Lexikon zur politischen Ökonomie

久留间鲛造编
東京：大月書店
1968—1985年

《马克思政治经济学辞书》，久留间鲛造编。东京：大月书店，1968—1985年。

《马克思政治经济学辞书》由原法政大学大原社会问题研究所所长久留间鲛造负责编译，共15卷，是关于马克思的著作、论文、手稿和书信原文等文献的日译文库。22cm×16cm。

清华大学马克思恩格斯文献研究中心

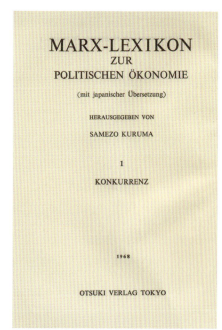

《资本论手稿集》

カール·マルクス：資本論手稿集

資本論草稿集翻訳委員会訳

東京：大月書店

1978—1994年

卡尔·马克思：《资本论手稿集》，资本论手稿集翻译委员会译。东京：大月书店，1978—1994年。

由日本《资本论》手稿集翻译委员会编译的《资本论手稿集》共9卷，以MEGA②为底本，编译过程历时13年。内容包括《1857—1858年手稿》（第1卷、第2卷），《1858—1861年手稿》（第3卷），《1861—1863年手稿》（第4—9卷）。其注释几乎是对MEGA②附属材料的全文翻译。20cm×15cm。

清华大学马克思恩格斯文献研究中心

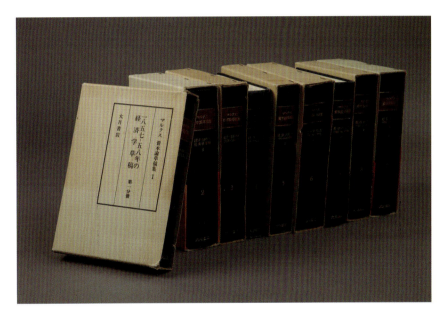

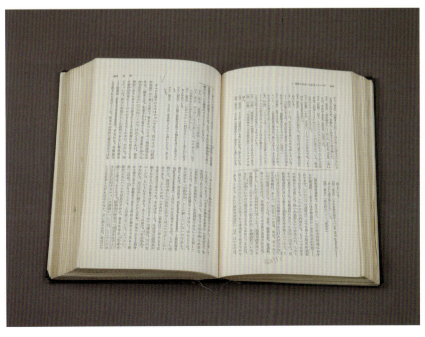

杉原四郎等译《马克思经济学笔记》

マルクス：経済学ノート

杉原四郎、重田晃一訳

東京：未来社

1970年

马克思：《经济学笔记》，杉原四郎、重田晃一译。东京：未来社，1970年。

此版本的《马克思经济学笔记》于1970年由东京未来社出版，以MEGA①为底本，是对巴黎时期马克思的"经济学笔记"的全文翻译。21cm×15cm。236页。

清华大学马克思恩格斯文献研究中心

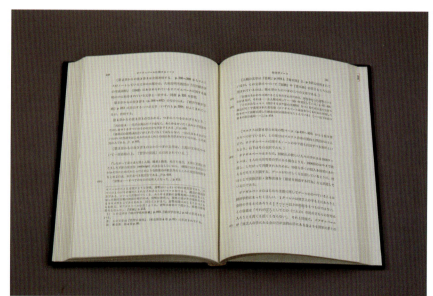

林直道编译《资本论》第一卷法文版

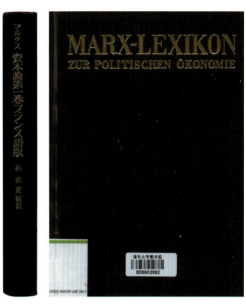

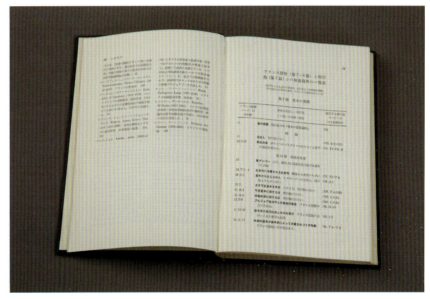

マルクス：資本論第一巻フランス語版

林直道編訳

東京：大月書店

1976年

马克思：《资本论》第一卷法语版，林直道编译。东京：大月书店，1976年。

林直道（1923— ），日本马克思主义经济学家，大阪市立大学名誉教授。该日译法语版《资本论》只翻译了第7篇《资本的积累》和第8篇《原始积累》。19cm×13cm。269页。

清华大学马克思恩格斯文献研究中心

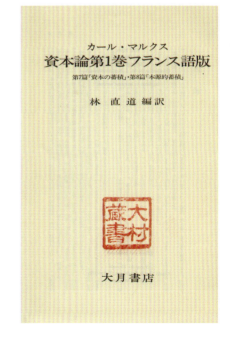

江夏美千穂等译《资本论》法文版

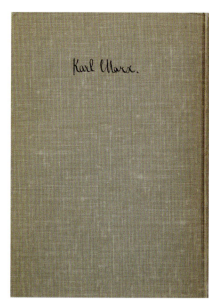

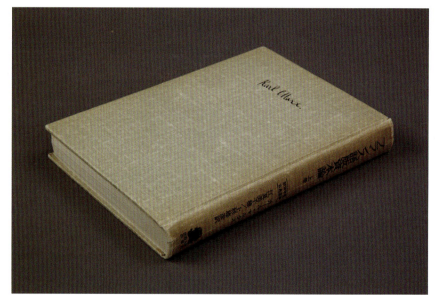
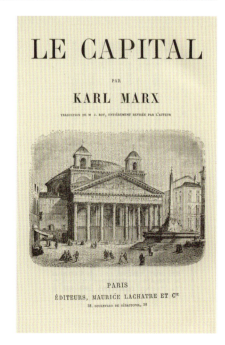

マルクス：フランス語版資本論

江夏美千穂、上杉聰彦訳

東京：法政大学出版局

1979年

马克思：法语版《资本论》，江夏美千穂、上杉聪彦译。东京：法政大学出版局，1979年。

此版本为日本首个法语版《资本论》的完整译本，分为上下两册，根据拉沙特尔版译出，对于底本的个别讹误和漏缺，则根据后出的社会版和伽里玛版予以修订。21cm×15cm。400页。

清华大学马克思恩格斯文献研究中心

服部文男译《共产党宣言》

マルクス/エンゲルス：共産党宣言

服部文男訳

東京：新日本出版社

1989年

马克思，恩格斯：《共产党宣言》，服部文男译。东京：新日本出版社，1989年。

服部文男（1923—2007），日本马克思主义经济学家。此版《共产党宣言》于1989年由新日本出版社出版，该版详细注解了德文版与英文版之间的不同。15cm×10cm。189页。

清华大学图书馆 服部文库

《大冢久雄著作集》

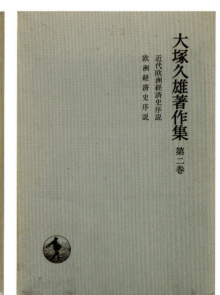

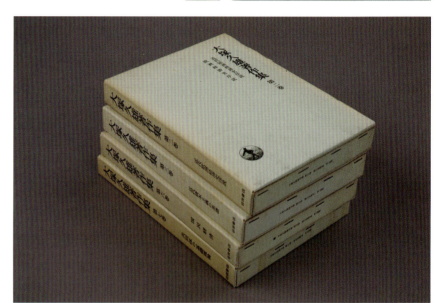

大冢久雄著作集

東京：岩波書店

1969年

《大冢久雄著作集》。东京：岩波书店，1969年。

大冢久雄（1907—1996），日本历史学家。曾任东京大学、法政大学教授，日本学士院会员。大冢的历史学方法将马克思经济学与韦伯社会学相糅合，自成一派，被称为"大冢史学"。《大冢久雄著作集》共13卷。22cm×15cm。

清华大学马克思恩格斯文献研究中心

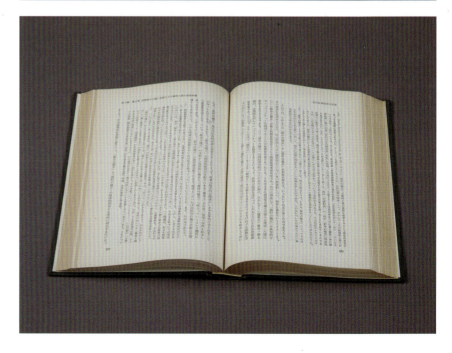

平田清明《经济学和历史认识》

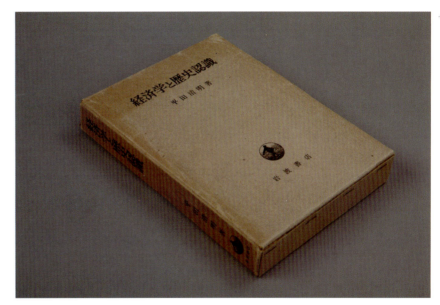
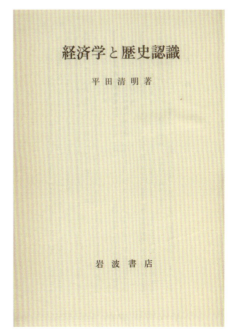

平田清明：経済学と歴史認識

東京：岩波書店

1971年

平田清明：《经济学和历史认识》。
东京：岩波书店，1971年。

平田清明（1922—1995），日本经济学家，京都大学名誉教授。他的市民社会理论在全世界影响广泛。《经济学和历史认识》是日本研究《政治经济学批判大纲》的代表性著作。

22cm×15cm。574页。

清华大学马克思恩格斯文献研究中心

望月清司《马克思历史理论的研究》

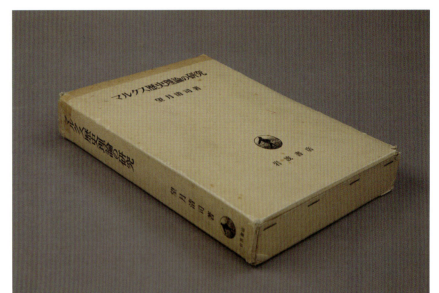

望月清司: マルクス歴史理論の研究

東京: 岩波書店

1973年

望月清司:《马克思历史理论的研究》。东京: 岩波书店，1973年。

望月清司（1929— ），日本专修大学名誉教授，日本"市民社会派"马克思主义代表人物。《马克思历史理论的研究》以市民社会概念重构了马克思的历史理论。22cm×15cm。618页。

清华大学马克思恩格斯文献研究中心

《宇野弘藏著作集》

宇野弘藏著作集

東京：岩波書店

1973—1974年

《宇野弘藏著作集》。东京：岩波书店，1973—1974年。

宇野弘藏（1897—1977），日本最有影响力的马克思主义经济学家之一，开创了"宇野学派"。《宇野弘藏著作集》共11卷。22cm×15cm。

清华大学马克思恩格斯文献研究中心

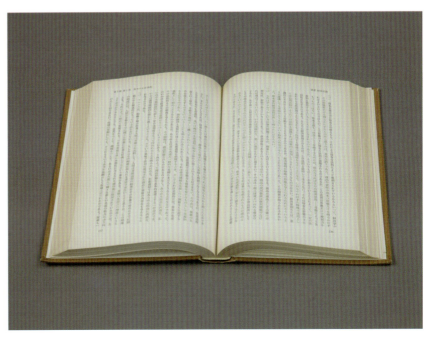

《日本资本主义发达史讲座》

日本資本主義発達史講座（刊行五十周年記念復刻版）

東京：岩波書店

1982年

《日本资本主义发达史讲座》（发行五十周年纪念复刻版）。东京：岩波书店，1982年。

《日本资本主义发达史讲座》共7卷，是日本马克思主义讲座派的代表性作品，讲座派也由此系列作品而得名。1932年5月至1933年8月由岩波书店出版，汇集了以野吕荣太郎、服部之总、羽仁五郎、平野义太郎、山田盛太郎等为首的马克思主义理论家的作品。22cm×15cm。

清华大学马克思恩格斯文献研究中心

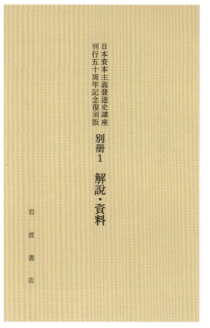

服部文男《马克思主义的形成》

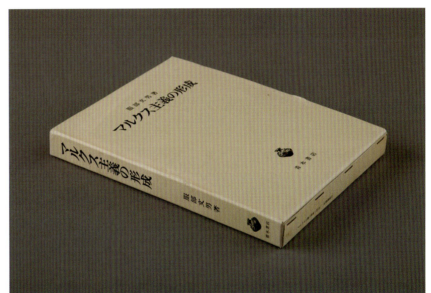

服部文男：マルクス主義の形成

東京，青木書店

1984年

服部文男：《马克思主义的形成》。
东京：青木书店，1984年。

服部文男（1923—2007），日本马克思主义经济学家。《马克思主义的形成》是服部文男的代表作。他是清华大学"服部文库"的捐赠者。22cm×15cm。304页。

清华大学马克思恩格斯文献研究中心

《马克思·恩格斯·马克思主义研究》

マルクス·エンゲルス·マルクス主義研究

若手マルクス·エンゲルス研究者の会/マルクス·エンゲルス研究者の会 編

東京：八朔社

1988—2015年

《马克思·恩格斯·马克思主义研究》，青年学者的马克思·恩格斯研究会/马克思·恩格斯研究会编。东京：八朔社，1988—2015年。

马克思·恩格斯研究会成立于1988年，最初名为青年学者的马克思·恩格斯研究会，后更名为马克思·恩格斯研究会，是日本MEGA研究的专业团体。《马克思·恩格斯·马克思主义研究》为其机关刊物。25cm×18cm。

清华大学马克思恩格斯文献研究中心

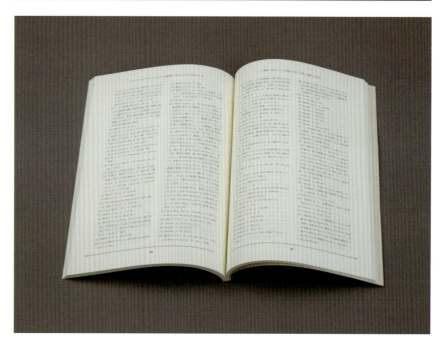

佐藤金三郎《〈资本论〉研究序论》

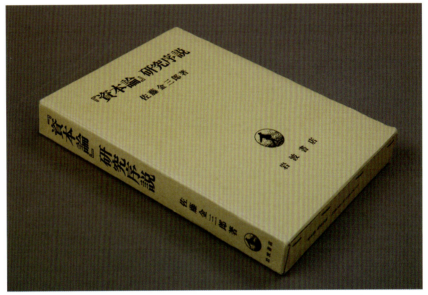

佐藤金三郎：『資本論』研究序説

東京：岩波書店

1992年

佐藤金三郎：《〈资本论〉研究序论》。东京：岩波书店，1992年。

佐藤金三郎（1927—1989），日本马克思主义经济学家，一桥大学教授。他是日本《资本论》形成史研究和MEGA研究的先驱和旗帜。22cm×15cm。419页。

清华大学马克思恩格斯文献研究中心

《广松涉著作集》

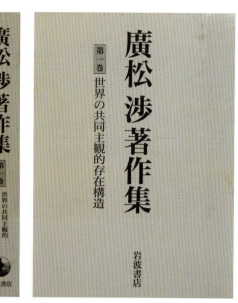
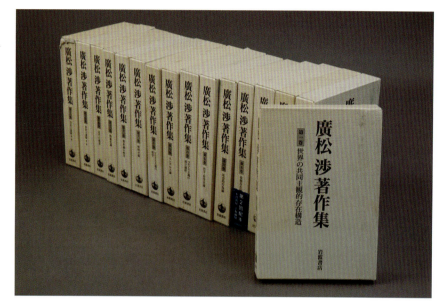

廣松渉著作集

今村仁司、高橋洋児、吉田憲夫、佐々木力、村田純一、野家啓一編

東京：岩波書店

1996—1997年

广松涉著，今村仁司，高桥洋儿，吉田宪夫，佐佐木力，村田纯一，野家启一编：《广松涉著作集》。东京：岩波书店，1996—1997年。

广松涉（1933—1994），日本哲学家，东京大学名誉教授。广松的早期马克思论和物象化论是日本马克思主义研究的代表性成果。《广松涉著作集》共16卷。22cm×15cm。

清华大学马克思恩格斯文献研究中心

《高岛善哉著作集》

高島善哉著作集

渡辺雅男編集

東京：こぶし書房

1997—1998年

高岛善哉著，渡边雅男编：《高岛善哉著作集》。东京：拳头书房，1997—1998年。

高岛善哉（1904—1990），日本经济学家、社会学家，一桥大学名誉教授。他是日本"市民社会"理论的代表人物。20cm×14cm。

清华大学马克思恩格斯文献研究中心

大谷祯之介《马克思的生息资本论》

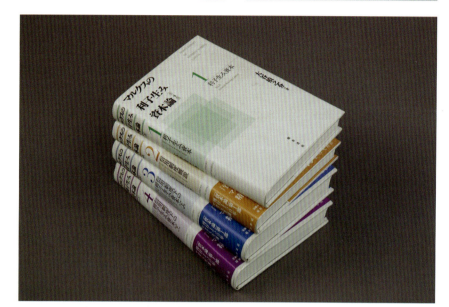

大谷禎之介：マルクスの利子生み資本論

東京：桜井書店

2016年

大谷祯之介：马克思的生息资本论。东京：樱井书店，2016年。

大谷祯之介（1934—2019），日本经济学家，日本MEGA编辑委员会首任代表。《马克思的生息资本论》共4卷，凝结了大谷20余年研究《资本论》第3卷第5篇的全部心得。22cm×15cm。

清华大学马克思恩格斯文献研究中心

后记

在中国共产党成立100周年之际,由清华大学图书馆和清华大学马克思恩格斯文献研究中心共同编写的《清华大学藏马克思恩格斯珍本文献图录》和大家见面了。这是对我们马克思恩格斯文献收藏和研究成果的一次展示。我们用这部书向中国共产党成立100周年献礼。

马克思主义自诞生以来,在推动国际工人运动的发展中发挥了巨大的作用,显示了强大的生命力,在国际上得到广泛的传播。十月革命的一声炮响,给我们送来了马克思列宁主义,中国诞生了中国共产党,从此,根本改变了鸦片战争以来中国积贫积弱、任人宰割的历史。经过100年艰苦卓绝的奋斗,中国共产党带领全国人民推翻了三座大山,建立了社会主义新中国,实行改革开放,全面建成小康社会,正在向全面建设社会主义现代化强国的宏伟目标迈进。中国革命和建设的胜利是中国共产党的胜利,也是马克思主义的胜利。习近平总书记在庆祝中国共产党成立100周年大会上的讲话中指出:"马克思主义是我们立党立国的根本指导思想,是我们党的灵魂和旗帜。中国共产党坚持马克思主义基本原理,坚持实事求是,从中国实际出发,洞察时代大势,把握历史主动,进行艰辛探索,不断推进马克思主义中国化时代化,指导中国人民不断推进伟大社会革命。中国共产党为什么能,中国特色社会主义为什么好,归根到底是因为马克思主义行!"

在我国，研究马克思主义有两个主要的方向：一个是对马克思主义中国化的研究，另一个是对马克思主义的文本和传播历史的研究。马克思主义中国化的研究无疑是当代中国马克思主义研究的主体。以马克思主义为指导，将马克思主义的一般原理与中国革命和建设的实践相结合，在实践中坚持和发展马克思主义，不断推进马克思主义中国化，这是中国共产党100年来领导人民革命和建设不断取得成功的基本经验。实践没有止境，马克思主义中国化的研究也同样没有止境。对马克思主义文本的研究虽然不是马克思主义研究的主体，但其意义也同样是非常重要的。研究马克思主义的文本可以帮助我们更好地了解马克思、恩格斯思想的发展历程，了解马克思主义在全世界传播的历史，从而帮助我们更好地把握马克思主义的精神实质，从而助力马克思主义中国化的研究。

大学图书馆是为学校的教学和科研服务的。我们的馆藏建设也必须与学校的学科建设密切结合。近年来，我们和清华大学马克思恩格斯文献研究中心密切合作，有针对性地加强马克思恩格斯文献的收藏和整理工作，形成了高水平、有特色的马克思恩格斯文献馆藏，既提高了清华大学图书馆在马恩文献收藏方面的学术地位，也支持了相关学科的建设和发展。我们编印的这本图录就展示了我们的建设成果。我们深深体会到，大学图书馆的建设不是独立于学校之外的，一定要和学校的学科建设密切结合，一定要和相关领域的专家学者密切结合，只有这样，才能起到互相促进的作用。

正如韩立新教授在本书序言中所介绍的，在各方的大力支持下，经过多年的建设，清华大学马克思恩格斯文献的收藏已经初具规模。这本图录所展示的是其中比较重要、比较有代表性的一部分。我们愿意与全国同行分享我们的建设成果，欢迎国内外同行到清华大学来开展相关研究工作，使我们的馆藏资源得到更加充分的利用。

本书是在清华大学党委的指导和支持下由清华大学图书馆和清华大学马克思恩格斯文献研究中心共同编辑而成。主持策划和编辑工作的有韩立新、蒋耘中、尹昕、梁爽、魏成光和陈浩，尤其是韩立新教授对本书的策划和编辑工作起到了至关重要的作用。参加编写和校对工作的有尹昕、梁爽、王旭东、魏博、崔琳菲、孙佳、何雨星、李闫涛、马语晨、潘宇昂、马廷辉。清华大学出版社为本书的出版给予了很大帮助，在此特表感谢。由于出版时间紧迫，不足之处还请学界同仁批评指正。

清华大学图书馆党委书记　蒋耘中

2021年7月